Maja Beutler, Beiderlei

Maja Beutler
Beiderlei
Texte zum neuen Tag

Bärndütsch und Deutsch
Nagel & Kimche

© 1991 Verlag Nagel & Kimche AG, Zürich/Frauenfeld
Umschlag von Urs Stuber unter Verwendung
eines Bildes von Roland Flück
Alle Rechte der Verbreitung, auch durch Film, Funk und
Fernsehen, fotomechanische Wiedergabe, Tonträger jeder Art und
auszugsweisen Nachdruck, sind vorbehalten
ISBN 3-312-00173-0

Über dieses Buch:
46 Texte, als Morgenbetrachtung vom Radio ausgestrahlt, das ist der Stoff, aus dem dieses Buch entstanden ist.
Die Themen sind weit gespannt, verbinden Privates und Politisches; immer wieder beschäftigen sie sich auch ironisch mit unseren großen und kleinen Marotten, unseren Vorurteilen, den harmlosen und den schlimmen.
Maja Beutler spricht und schreibt Berndeutsch. Aus dem Material der Alltagssprache hat sie eine Kunstsprache geformt, deren Kraft überzeugt. Doch enthält dieses Buch «beiderlei», die berndeutschen Texte ebenso wie Maja Beutlers Übertragung der Texte in die Schriftsprache, eine Gegenüberstellung, die durchaus reizvoll ist.

Die Autorin:
Maja Beutler, 1936 geboren, ist in Bern aufgewachsen, Dolmetscherschule. Studienaufenthalte in Frankreich, England, Italien. Kongreßorganisatorin bei der UNESCO in Rom. Seit 1974 freie Mitarbeiterin des Schweizer Radios. Maja Beutler schreibt Erzählungen, Romane, Theaterstücke. Zu ihren erfolgreichsten Büchern gehören: «Flissingen fehlt auf der Karte» (Geschichten), «Fuß fassen» (Roman), «Die Wortfalle» (Roman), «Wärchtig» (Gesammelte Radiotexte), «Das Bildnis der Doña Quichotte» (Erzählungen). Auszeichnungen: u. a. Preis der Schweizerischen Schillerstiftung für das Gesamtwerk, Welti-Preis für das Drama, Großer Literaturpreis der Stadt Bern.

Live

Guten Morgen.
Ich weiß, daß man seit Anfang Jahr die Hörerinnen und Hörer nicht mehr direkt anreden sollte. Aber heute nacht bin ich zum Schluß gekommen, daß ich von heute an nur noch mir selber gehorche. Und mir selber fehlt seit Tagen jemand, der mich anreden würde, wie mich meine siebzehnjährige Tochter angeredet hat vor ein paar Jahren. Es war am «Tag der offenen Tür» in der Rekrutenschule von Bière. Unser ältester Sohn war dort Artilleriefunker.
Bei einer Schießübung verkantete sich die Ladung in einem Haubitzenrohr. Drei Rekruten versuchten, sie freizubekommen. Plötzlich ist die Granate explodiert und hat ihnen die Hände abgerissen. Auf dem Heimweg hat unsere Tochter geweint im Auto, und unwillkürlich versuchten mein Mann und ich, sie zu trösten. Ich werde nie vergessen, wie sie uns mitten im Schluchzen angeschrien hat: «Warum wißt Ihr schon wieder, was sagen?»
Seit dem 16. Januar hat es noch keinem Journalisten die Sprache verschlagen. Waren Sie mit von der Partie, als der eine in Bagdad sein Mikrofon zum Fenster hinausgehalten hat und die ersten Bombardierungen auch gleich kommentierte, live? Und haben Sie den andern Reporter in Tel Aviv gesehen, in seiner Gasmaske, wie er dem Verteidigungsminister, auch in Gasmaske, das Mikrofon hinhielt? Es hat geklappt: ein Live-Gespräch, kurz nach dem ersten Raketeneinschlag.
Es ist tatsächlich so: Dieser Krieg hat nicht einmal die Medien überrumpelt. Auch sie haben fünf Monate lang aufgerüstet und sind jetzt gegen alle

Live

Guete Tag mitenand.
I weiss, syt Aafang Jänner sött me d Hörerinne u Hörer nümm diräkt aarede. Aber i bi di Nacht rätig worde, i mach jitz eso, wi's mer z Muet syg. U mir sälber fählt syt Tagen eigetlech numen öpper, wo mi wurd aarede, wi mi my 17järegi Tochter vor paarne Jahr aagredt het. Mir sy denn alli zämen a «Tag der offenen Tür» i d Regruteschuel z Bière. Der eint Suhn isch dert Artilleriefunker gsy.
Bire Schiessüebig het sech e Ladig verkantet imne Houbitzerohr, u drei Regrute hei probiert, se fürezgusle. Ungereinisch isch di Granate explodiert u het allne dreine d Händ furtgrisse.
Üsi Tochter het bbrigget uf em Heiwäg, u der Maa un i hei se probiert z tröschte. I vergisse nie, wi si zu de Tränen uus bbrüelet het, warum mer jitz scho wider wüssi, was säge.
Es het syt em 16. Jänner kem Journalischt wäge nüüt d Sprach verschlage. Heit'er glost, der eint z Bagdad, win er ds Mikrofon het zum Fänschter usgha u di erschte Bombardierige no grad komentiert, live? U dä Reporter z Tel Aviv, heit'er dä o gseh, ir Gasmaske, win er em Verteidigungsminischter, o ir Gasmaske, het ds Mikrofon häregha? Es het klappt: Es live-Gspräch, churz nach em Ragetenyschlag.
Es isch äbe scho so: Dä Chrieg het nid emal d Medien überrumplet. Si hei o füf Monet lang ufgrüschtet u sy jitz gwappnet gäge jede Schrecke. Es louft eigetlech wi bi re Übertragig vo re Olympiade: Jede weiss, wie schalte u...
Ach ja, jitz wär äben i o dranne u hätt my Chance. I ha ja so mängisch grämplet, dass i myner «Zum

Live

Schrecken gewappnet. Eigentlich läuft alles präzis wie bei den Olympiade-Live-Übertragungen: Jeder Mitarbeiter weiß, wann wo schalten und ...
Ach ja, und jetzt wäre ich am Zug und hätte meine Chance. Ausgerechnet ich habe mich immer beklagt, daß ich meine Beiträge «Zum neuen Tag» mehr als eine Woche im voraus aufnehmen mußte und kein einziges Mal spontan reagieren konnte. Jetzt gibt mir Radio DRS endlich Gelegenheit dazu. Und jetzt kann ich nicht. Oder ... Ich will nicht. Ich bin zwar heute früh um fünf Uhr aufgestanden und sitze jetzt vor dem Mikrofon, live. Aber es muß ja nicht sein, daß noch eine mehr den Mund aufreißt und versucht, sich selbst zu profilieren. Das Programm läuft ohnehin viel zu geölt. Man könnte nicht mit einem Hämmerchen dazwischenschlagen. Kein Mensch sagt: «Da mache ich nicht mehr mit.» Es gibt keine einzige Frage, die ein Experte zurückweisen würde. Es verschlägt niemandem die Sprache. Und mir kommt just das obszön vor. Es handelt sich nämlich nicht um einen «Tag der offenen Tür», im Irak. Es reißt nicht nur drei Rekruten die Hände ab, und nicht nur ein siebzehnjähriges Mädchen weint, weil es plötzlich begreift, was scharfe Munition bedeutet und wieviel Leid eine einzige Ladung aus einem Haubitzenrohr anrichten kann.
Ich habe im ganzen Medienrummel nur gerade drei Minuten zur Verfügung, und ich möchte Ihnen und mir vorschlagen, daß wir zusammen einen ganz ursprünglichen, menschlichen Anstand wahren: Wir wollen schweigen für all jene, die nach dem Krieg nie mehr reden werden.
Ich danke Ihnen.

neuen Tag» meh als e Wuche zum voruus mües ufnäh; nid einisch chön i spontan uf öppis Aktuells reagiere. Jitz git mer Radio DRS äntlech Glägeheit u jitz chan i nid. Oder ... I gloube, i wott nid. I bi zwar ufgstande hütt am morgen am füfi u sitzen o live da — aber 's isch ganz eifach nid no ne Schnuri meh nötig, wo sech probiert z profiliere. Ds Programm louft sowiso vil z göölet. Me chönnt nid mit emne Hämmerli derzwüscheschla. Es seit ke Mönsch, da mach er nümm mit. Es git ke Frag, wo ne Expert würd zruggwyse, es verschlat niemerem d Sprach. U mir chunnt juscht das eso obszön vor. Im Irak isch nämlech nid «Tag der offenen Tür», es rysst nid nume dreine Regrute d Händ furt, un es briegget nid numen es 17järigs Meitschi, wüll's ungereinisch versteit, was scharfi Munition heisst, u was en einzegi Ladig us emne Houbitzerohr für Leid aarichtet.

I ha nume drei Minute zur Verfüegig i däm ganze Medierummel, un i möcht Öich u mir z lieb vorschla, dass mer jitze zämen e ganz en ursprüngleche, mönschlechen Aastand wahre: Mir wei zäme schwyge für alli, wo nach däm Chrieg nie meh rede.
I danke Nech.

Die Angst ist ein Berg

Als Kind habe ich einen Nachbarn fürs Leben gern gefragt, wie es seiner Frau gehe. Und eigentlich nur, weil er mir stets die gleiche Antwort gab: «Gut geht's ihr, prima, bloß sensibel ist sie, wie eine More.»
Grobes Geschütz. Aber ich frage mich, ob der Spruch nicht eine träfe Beschreibung vieler Schweizer Bürgerinnen und Bürger ist. Reden wir in der Schweiz nicht allzu fein von den Sensiblen – als hätten sie automatisch auch ein gutes Herz?
Ich weiß nicht, mit wie vielen Leuten Sie sich in den letzten Tagen unterhalten haben über die Weltlage. Mir ist es manchmal vorgekommen, als wären wir drauf und dran, uns mit den wirklichen Kriegsopfern zu verwechseln: Die Angst macht sensibel für alles, was man verlieren könnte. Solidarisch macht sie mit niemandem. O ja, ich weiß, von was ich rede. Ich mache die schlechten Erfahrungen meistens mit mir selber. Ich bin zwar nur einmal in meinem Leben zum Angstopfer geworden. Damals saß ich während Monaten vor mir selber wie das Kaninchen vor der Schlange: Hypnotisiert vom eigenen Elend. Für keinen andern Menschen hätte ich auch nur einen Finger gerührt.
Aber es hat mich jemand in die Schuhe gestellt. Ein Italiener war es, ein Schneidermeister. Wir haben uns jeden Tag im Spital getroffen, bei der Bestrahlung. Heute bin ich fast sicher, daß Signor Pedroni gewußt hat, daß er nicht mehr gesund würde. Aber er hat sich mehr mit mir befaßt. Es ist ihm aufgefallen, daß ich vor lauter Angst um mein bißchen Leben nicht einmal mehr für meine Kinder Verant-

D Angscht isch e Bärg

I ha als Ching e Nachber von is so gärn gfragt, wi's syre Frou göng. Er het drum geng di glychi Antwort ggä: «Guet geit's ere – nume sensibu isch si wi ne Mohre.»
Grobs Gschütz. Aber würd's nid no fei guet passe uf ene Huuffe Lüt ir Schwyz? Oder müesst i emänd frage, ob mer ir Regel nid z fyn rede, vo de Sensible – wi we si outomatisch es guets Härz hätte?
I weiss jitz nid, mit wivil Lüt Dihr i de letschte Tage heit über d Wältlag diskutiert. Mi het's uf all Fäll ddunkt, jitz müesst is de öpper druf ufmerksam mache, dass mer is afö verwächsle mit dene, wo's würklech preicht. D Angscht macht äbe nume sensibu für alls, wo me chönnt verlüüre – solidarisch macht si mit niemerem.
O ja, i weiss scho, vo was i rede. I mache di meischte schlächten Erfahrige grad mit mir sälber. I bi zwar numen einisch im Läben es richtigs Angschtopfer worde – eigetlech bin i i dene Monete gsy wi der Chüngu vor der Schlange: hypnotisiert vo mir sälber. Für ke angere Mönsch hätt i o numen e Finger grüert.
Aber es het mi du öpper i d Schue gstellt. En Italjäner isch es gsy, e Schnydermeischter. Mir hei nis jede Tag troffen im Spital, bim Bestrahle. Hütt bin i fasch sicher, dass der Signor Pedroni denn scho gwüsst het, dass er nümme gsund wird. Aber er het sech meh mit mir befasst. Er het äbe gmerkt, dass i vor lutter Angscht um mys Bitzeli Läbe nid emal me für myner Ching ha wölle Verantwortig übernäh. Eigetlech o nid für mi sälber: I bi ja em Schicksal usgliferet gsy.
U du het mer der Signor Pedroni am ne Morge vor

wortung tragen wollte. Eigentlich auch nicht für mich selber: ich war ja dem Schicksal ausgeliefert.
Und da hat mich Signor Pedroni eines Morgens vor dem Bestrahlungszimmer gefragt, ob ich nicht ein bißchen aufrechter sitzen könnte. Er wisse durchaus, wie mir zumute sei. Aber es gebe keine Entschuldigung. Er habe nämlich auch Angst. Man müsse sie wohl in Kauf nehmen, solange man nicht tot sei. Manchmal in der Nacht liege er wach und denke, die Angst sei ein Berg, ungeheuer, mitten in der Welt. Und wir beide hätten nur gerade ein Steinchen davon in den Schuhen, ein einziges Steinchen, schon mache es uns jeden Schritt zur Qual. Aber es habe einen Sinn. Aber ja. Es gebe nichts im Leben, was nicht einen Sinn haben könnte. Zwar ... vielleicht täusche er sich, hat Signor Pedroni gesagt, aber er denke es trotzdem: Eine Welt ohne Angst wäre vielleicht eine Welt ohne Erbarmen. Er selber schaue den andern jedenfalls nach, wie sie durch den Gang schritten, und alle gingen ihn etwas an.
Nicht wahr, jedes von uns muß mit sich allein ausmachen, wem es durch seine heutige Angst morgen nützen will.

em Bestrahligszimmer gseit, ob i nid eso früntlech wär u chly würd graduuf sitze. Er wüss zwar scho, wi's mer zmuet syg, aber das syg ke Entschuldigung: Är heig nämlech o Angscht. Me mües sen allwäg i Chouf näh, solang me nid tot syg. Mängisch, z Nacht, lig er wach u dänk . . .. Vilicht syg d Angscht e Bärg, ja, en ughüür höche Bärg zmitts ir Wält. U mir beidi heige numen es winzigs Steinli i de Schue vo däm Bärg, un es tüeg is halt weh, bi jedem Schritt, aber . . . Es heig e Sinn, e ja. Es gäb doch nüüt im Läbe, wo nid e Sinn chönnti ha.

Vilicht tüüsch er sech ja, het der Signor Pedroni gseit, aber er dänk glych: e Wält ohni Angscht wurd vilicht e Wält ohni Verbarme. Är lueg ömu den angere nache, wi si so düre Gang us loufi – u alli gönge ne öppis aa.

Gället, es mues es jedes vo nis mit sech sälber usmache, wäm's dür sy hüttegi Angscht morn wott nütze.

Du bist der Souverän

Manchmal sind meine Erinnerungen wie fremde Kinder: Sie brauchen eine gewisse Zeit, bis sie anfangen, zu mir zu reden.
Im letzten Sommer war ich im Garten, und beim Nachbarn laugten zwei Malergesellen die Hauswand ab. Die Bürsten scheuerten übers Holz, und Fritz las Godi laut und deutlich die Leviten. Der wollte nämlich resignieren, in Sachen Schweizer Politik. «Du hast viel mehr Rechte, als du denkst», hat Fritz gesagt, «du bist nur zu faul, dich auf die Socken zu machen.» Er selber habe zum Beispiel nach Tschernobyl ein ungutes Gefühl gehabt wegen unserer Atomkraftwerke. Gut, da habe er eben angerufen in Gösgen, er wolle einen persönlichen Augenschein nehmen. Keine Sorge: Er ist empfangen worden. Und hat als erstes gefragt, ob er jetzt ohne weiteres in den Betonmantel schießen könnte mit seinem Sturmgewehr. «Godi, du bist der Souverän, dir muß man Auskunft geben.»
Sie glauben gar nicht, wie sehr ich diesen Schweizer zur Zeit nötig habe. Ich selber habe nämlich auch ein ungutes Gefühl. Allerdings unserer Asylpolitik gegenüber.
Am zweiten Tag des Golfkrieges haben die Medien verbreitet, es seien bereits dreieinhalb Millionen türkischer Kurden auf der Flucht aus dem Grenzgebiet ins Landesinnere. Dreieinhalb Millionen? Wir sind ungefähr gleich viele Deutschschweizer. Und just in der Deutschschweiz ist kein Platz mehr für die Kurdenfamilien, die seit Weihnachten im Hungerstreik sind. Daß sie ausgeschafft werden, ist ebenfalls am zweiten Kriegstag durch die Presse gegangen.

Du bisch der Souverän

Mängisch geit's mer mit den Erinnerige grad wi mit de Ching: Es bruucht e gwüssi Zyt, bis si fö afa rede zue mer.
Letschte Summer bin i im Garten us gsässe, u zwe Maler hei näbedrann es Chalet abglouget. D Fägbürschte hei über ds Holz kratzet, u der Fritz het em Godi lut u düttlech d Poschtornig gläse – dä het drum i Resignation wölle mache, i Sache Schwyzerpolitik. «Du hesch vil meh Rächt, als de weisch», het der Fritz bbrüelet, «du bisch nume z fuu, di uf d Söcke z mache.» Är heig nach Tschernobyl zum Byspil so nes uguets Gfüel gha wäg üsne Atomchraftwärk. Guet, heig er halt aaglüttet, uf Gösgen, er wöll e persönlechen Ougeschyn cho näh.
Jäja Dihr, er isch empfange worde. U het afe grad als erschts gfragt, ob er jitz chönnt i dä Betonmantel schiesse, mit sym Sturmgwehr. «Godi, du bisch der Souverän, dir mues men Uskunft gä.»
Dihr gloubet gar nid, win i dä Schwyzer im Momänt nötig ha. I ha drum sälber so nes uguets Gfüel: üser Asylpolitik gägenüber.
Am zwöite Chriegstag hei d Medie verbreitet, scho dreiehalb Millione türkischi Kurde sygen us em Gränzgebiet ewägg, uf der Flucht i ds Landesinnere.
Dreiehalb Millione? Mir sy grad öppe glych vil Dütschschwyzer. U de git's no ne angeri Parallele: juscht bi üs Dütschschwyzer het's ke Platz meh für di Kurdefamilie, wo syt der Wienachten im Hungerstreik sy.
Es isch o am zwöite Tag dür d Press, dass si usgschaffet wärdi.

Du bist der Souverän

Jaja, ich weiß: Unser Flüchtlingsdelegierter bleibt. Das Problem würde sich auch nicht ändern, wenn ein anderer seinen Platz einnähme. «Godi, du bist der Souverän.» Wir Stimmbürgerinnen und Stimmbürger müßten uns ändern.

Allerdings muß ich gestehen: Ich bin in keiner einzigen Auffangstelle gewesen. Ich habe keine einzige Asylantenunterkunft in Augenschein genommen. Ich habe mich kein einziges Mal darum gekümmert, wie unser Asylgesetz in der Praxis ausgelegt wird.

Und Sie? Da haben wir's: «Gleich und gleich gesellt sich gern.»

Via Medien sind wir aber gar nicht in der Lage, uns eine eigene Meinung zu bilden: Die Meldungen widersprechen sich ja ständig. Und was wäre, wenn wir uns tatsächlich dazusetzen würden, bei den Befragungen? Dann würden wir mit eigenen Ohren hören, was für ein Tohuwabohu entsteht durch das ständige Hin- und Herübersetzen. Und wir sähen mit eigenen Augen falsche Papiere auf dem Tisch und vielleicht echte Striemen auf den Rücken. Und ganz sicher würden wir das Taschentuch hervorziehen und uns erst einmal den Schweiß von der Stirn tupfen. Was ist denn für die Schweiz ein Grund zum «Ja»? Die echten Papiere? Die echten Beulen? Oder geht es längst nur noch um ein im voraus festgelegtes Kontingent? Vielleicht hätten wir plötzlich überhaupt keine Meinung mehr, aber ein ganz persönliches Dilemma – so, wie jetzt Beamte, die Befragungen durchführen, ein ganz persönliches Dilemma haben. Aber wenigstens sind sie nicht schuld: «Godi, du bist der Souverän.» Es geschieht alles in unserem Namen.

Du bisch der Souverän

Jaja, i weiss, der Flüchtlingsdelegiert blybt. Ds Problem würd o nid es angers, wen en angere a syr Stell wär. «Godi, du bisch der Souverän.» Mir, mir Stimmbürgerinne u Stimmbürger müessten is ändere.
Aber i mues grad öppis zuegä: I bi no nie ynen Uffangstell. I ha no nie en Asylantenunterkunft bsuecht. I ha ke persönlechen Ougeschyn gno, wi üses Asylgsetz ir Praxis usgleit wird.
U Dihr? Da hei mer's: «Uf jedes Truckeli passt es Decheli». Aber via Medie sy mer doch gar nid ir Lag, zuren eidüttige Meinig z cho: D Mäldige widerspräche sech ja ständig.
Aber wi gieng's de, we mer tatsächlich würden ynesitze, bi so Befragige? De ghörte mer doch mit eigeten Ohre, wi das es Baggu git, wäg däm ewige Hin- u Härübersetze; u de gsieche mer mit eigeten Ouge faltschi Papyr uf em Tisch u vilicht ächti Striemen uf de Rügge. U de würde mer allwäg ds Nastuech fürenäh un is afen einisch der Schweiss tröchne. Was isch de für d Schwyz e Grund für nes «Ja»? Di rächte Papyr? Oder di rächte Müüssi? Oder geit's scho lengschtens nume no um Kontingänt, wo z voruus feschtgleit sy? Ungereinisch hätte mer vilicht überhoupt ke Meinig meh. U derfür es ganz es persönlechs Dilemma – so, wi jitz di Beamte, wo d Abklärige dürefüere, es persönlechs Dilemma hei. Aber die sy wenigschtens nie tschuld. «Godi, du bisch der Souverän.» Es passiert äben alls i üsem Name, o we mer ne nie müessen uf e Stimmzedu schrybe. U sogar, we mer a jedem Abstimmigswuchenänd deheime blybe: verantwortlech blybe mer glych.

Auch wenn wir ihn nie auf die Stimmzettel schreiben müssen. Und sogar, wenn wir zu Hause bleiben an jedem Abstimmungswochenende: Verantwortlich bleiben wir trotzdem. Sollten wir uns nicht endlich auf die Socken machen, Sie und ich?

Sötte mer is ächt äntlech uf d Söcke mache, Dihr un ig?

Giuseppina

Immer, wenn ich das Wort «Frauenförderung» höre, fällt mir Giuseppina ein. Vor dreißig Jahren saßen wir Tisch an Tisch im Exportbüro einer italienischen Spaghettifabrik. Ich ein wohlbehütetes Töchterchen – Giuseppina eine schwangere Frau. Ich topausgebildet – Giuseppina ungelernte Arbeiterin. Ursprünglich.
Bitte, setzen Sie sich nicht in den falschen Zug, Richtung Frauenförderung. Ich habe nämlich nicht vor, das Loblied anzustimmen auf Abendkurs und Fernmatur. Wissen Sie überhaupt, wer in einem Land mit Massenarbeitslosigkeit regiert? Der Dschungel.
Sieben Frauen saßen in schwarzen Überschürzen hinter der Schreibmaschine, und vorn am Fenster, ganz in Weiß, sperberte der Chef, Signor Mazzanini, ob keine von der Arbeit aufzuschauen wagte. Ausgenommen ich, natürlich, die Hausdolmetscherin – Bildung macht manches wieder gut. Und Giuseppina. Sie schaute auch munter Richtung Fenster, wenn's ihr drum war.
Und wenn Signor Mazzanini fand, jetzt mache man Überstunden, so brauchte Giuseppina lediglich den Kopf zu schütteln – schon hat der Chef ein Nachsätzchen gebildet: «Bis auf alle, die schwanger sind – die müssen nach Hause.»
Was hat Giuseppina gelacht, als ich sie draußen auf der Toilette fragte, ob sie mit Mazzanini verwandt sei. «Bist du ein rührendes Schweizerkind», hat sie gesagt, «mach dir nichts draus und komm trotzdem zu mir, wenn du in der Klemme bist.»
Wie alle Kolleginnen. Antonella zum Beispiel, am dritten Abend, als wir gratis Überstunden klopfen

D Giuseppina

Geng, wen i ds Wort «Froueförderig» ghöre, fallt mer d Giuseppina y. Vor dryssg Jahr hei mer z Italie Tisch a Tisch gschaffet, im Exportbüro vore Spaghettifabrygg. Ig eso nes wohlbehüetets Töchterli, u d Giuseppina e schwangeri Frou. Ig top usbildet, u d Giuseppina uglehrti Arbeitere. Ursprünglech.
Aber fahret bitte nid uf der faltsche Schine los, Richtig Froueförderig. I stimme nämlech nid ds Loblied aa vo Abekürs u Fernmatur. Wüsset'er überhoupt, wär imne Land mit Massenarbeitslosigkeit regiert? Der Dschungu.
Sibe Froue sy i schwarzen Überschürz hinger der Schrybmaschine gsässe. U vor am Fänschter, ganz in Wyss, het der Signor Mazzanini als Chef derfür gluegt, dass keni het gwagt ufzluege vor Arbeit. Natürlech ig usgno, als Husdolmetschere – «Bildung macht manches wieder gut». U d Giuseppina, di het o munter zum Fänschter füre gluegt, we's ere drum gsy isch.
U we's der Signor Mazzanini, ganz in Wyss, ddünkt het, jitz mach me no Überstunde, so het d Giuseppina numen e chly der Chopf bruuche z schüttle – scho het er es Nachsätzli bbildet: «Bis uf die, wo schwanger sy, die müessen alli hei.»
Het d Giuseppina müesse lache, wo sen uf em Aabee us gfragt ha, ob si em Mazzanini verwandt syg. «Bisch du aber es rüerends Schwyzerching», het si gseit, «aber we d Lämpe hesch mit ihm, chum ömu glych zue mer.»
Wi alli angere Froue, im Büro. D Antonella zum Byspil am dritten Aabe, wo mer gratis hei söllen

Giuseppina

sollten. Sie hatte drei Buben zu Hause und mußte die Spaghetti endlich wieder einmal auf den Tisch stellen, die sie in alle Welt offerierte.
Klarer Fall – hat Giuseppina eben mit dem Zeigefingerchen Signor Mazzanini auf den Korridor gewinkt. Durch den Türspalt, natürlich. Er hat sich zwar noch ein bißchen geräuspert und den Ordner von links nach rechts verschoben, aber dann ist er zu ihr hinausgeschlüpft. Man hörte die beiden tuscheln, immer heftiger, bis Giuseppina schließlich rief: «Basta, Carlo.» Damit war die Sache geritzt, für Antonella.
Sie haben natürlich längst geschaltet: Giuseppina war nicht nur mit Signor Mazzanini, ganz in Weiß, auf du und du. Sie hatte sich bereits durch drei Abteilungen hochgearbeitet und zur Vorsicht auch vom Besitzer etwas erfahren. Er von ihr übrigens haargenau dasselbe. Nur, daß er nicht mehr ledig war. Vor der Heirat hat Giuseppina ihrem Mann klaren Wein eingeschenkt: Von jetzt ab sei Schluß damit. Höher hinauf als ins Exportbüro reiche ihr Verstand nicht, und er solle sich trösten, als Arbeiter: ein Kind hätte sie nie begehrt von den Herrschaften; die hätten alle versucht, sie zu verführen und gemeint, es koste mal wieder nichts.
Saubere Buchhaltung hat sie geführt, die Giuseppina.

Überstunde chlopfe. Si het drum drei Buebe gha deheime u d Spaghetti äntlech wider einisch söllen uf e Tisch stelle, statt sen ir ganze Wält desume z offeriere.
Kes Problem – het d Giuseppina em Mazzanini eifach mit em Zeigfingerli düre Türspalt gwunke. Er het sech zwar no chly gröischperet u nen Ordner vo linggs nach rächts verschobe, aber du isch er zuenere uf e Gang use gschlüffe. Me het se zäme ghöre chüschele, geng e chly lütter, bis d Giuseppina bbrüelet het: «Basta, Carlo.» Da dermit isch di Sach gritzt gsy. Dihr heit natürlech scho lengschte gschalte: d Giuseppina het nid nume der Signor Mazzanini, ganz in Wyss, chönne duze. Sie het sech scho dür drei Abteiligen ufegschaffet gha u zur Vorsicht o vom Bsitzer öppis erfahre. Är vo ihre grad haargenau z Glyche. Numen isch är nümme ledig gsy. Vor der Hochzyt het d Giuseppina ihrem Maa klare Wy ygschänkt: Jitz syg de Schluss. Höcher ufen als i ds Exportbüro längti ihre Chopf scho nid. Un er söll sech tröschte, als Arbeiter: es Ching hätt si kes wölle, vo dene Herrschafte. Di heige sen alli nume wölle verfüere u gmeint, es choscht wider einisch nüüt.
Suberi Buechhaltig het si gfüert, d Giuseppina.

Heimat

Spürt man wohl erst, was Heimat ist, wenn man sie vermißt? Oder muß sie uns bedroht vorkommen, damit wir uns plötzlich mit ihr befassen? Es kommt mir beinah vor, wie mit dem eigenen Blutkreislauf: Solange er funktioniert, braucht man sich nicht damit zu befassen. Und wenn er zusammensackt, ist man ohnmächtig.
Wir in der Schweiz leiden zwar an einem nervösen Zwischenstadium: dem Herzflattern. Ich kann mich grün und blau ärgern über die Schweiz – so bin ich zu Hause. Schneeberge und sonstige Postkartenmotive haben nicht halb soviel mit meinem Heimatgefühl zu tun.
Und mit Ihrem? Sind Ihnen die Gletscher wichtiger als die Bürgerrechte? Oder hängen Sie am meisten an Ihrem Quartier, das jetzt eine Wohnstraße hat, dank Ihnen und Ihren Nachbarn?
Vielleicht ist es ein allzu simpler Vorschlag: Aber probieren Sie doch, im Laufe des Tages in einem einzigen Satz zu beschreiben, was «Heimat» für Sie bedeutet. Ich mußte es seinerzeit in der Schule versuchen, kurz nach dem Weltkrieg. Ich war vielleicht elf oder zwölf. Wir hatten zwei Stunden Zeit für einen Satz: «Heimat.»
Immer ist mir wieder etwas Neues durch den Sinn gefahren, schwupps, strich ich den Satz im Heft aus. Und immer hat etwas gefehlt: Der Satz hätte nicht gepaßt zu Friedel und Erwin, den deutschen Emigranten, die während des Krieges bei uns zu Hause ein und aus gegangen waren. Ich wußte, daß auch sie eine Heimat hatten; Deutschland war es nicht – und doch war es Deutschland. Die zwei hatten mir sogar

Heimat

Gspürt men ächt ersch, was Heimat isch, we me se vermisst? Oder mues si nis bedroht vorcho, für dass mer is ungereinisch mit ere befasse? Es chunnt mer grad vor, wi mit em eigete Bluetchreislouf: Solang er funktioniert, bruucht me sech nid dermit z befasse. U wen er zämesacket, isch men ohnmächtig.

Mir Schwyzer lyde zwar no amne närvöse Zwüschestadium: em Härzflattere. I cha mi grüen u blau ergere über d Schwyz – eso bin i deheim. D Schneebärge u angeri Poschtchartemotiv hei nid halb sövu z tüe mit mym Heimatgfüel.

U mit Öiem? Sy Nech d Gletscher wichtiger als d Bürgerrächt? Oder hanget'er am meischten a Öiem Quartier, wüll's dank Öich u Öine Nachbere zure Wohnstrass cho isch?

Vilicht isch's e chly ne simple Vorschlag: aber probieret glych einisch, im Louf vom Tag imnen einzige Satz z säge, was für Öich «Heimat» heisst. I ha's synerzyt ir Schuel probiert, churz nach em Zwöite Wältchrieg. I bi denn vilicht elf-, zwölfjärig gsy. Mir hei 2 Stunde Zyt übercho für 1 Satz: «Heimat».

Geng isch mer wider öppis Nöis i Sinn cho, schwupp, han i der Satz im Heft düürgstriche. U immer het öppis gfählt: Kes Sätzli hätt passt zur Friedel un em Erwin. Das sy di dütschen Emigrante gsy, wo im Chrieg bi üs deheim y- un usgange sy. Un i ha gwüsst, dass si o ne Heimat hei gha. Dütschland isch's nid gsy – u de glych wider Dütschland. Di zwöi hei mer sogar Föteli zeigt: «Dort, auf dem Hügel, sind wir im Urlaub gewesen.» Un e Strass han i o glehrt kenne uf so re Schwarzwysskopy: «Da links, neben dem Ahorn, da haben wir gewohnt in Berlin.» U nachhär hei d Frie-

Fotos gezeigt: «Dort, auf dem Hügel, sind wir im Urlaub gewesen.» Und ihre Straße hatte ich kennengelernt, auf einer Schwarzweißkopie: «Da, links, neben dem Ahorn, da haben wir gewohnt in Berlin.» Und dann steckten Friedel und Erwin die Bilder in die Tasche, und plötzlich sah ich, wie sie wieder dran dachten. Ein schreckliches Wort. Es hat nie jemand ausgesprochen, es hat sich nie jemand darüber unterhalten. Aber in diesem Wort waren alle andern verschwunden – Friedel und Erwin sind allein gekommen, in die Schweiz.
Vor ein paar Monaten hat ein Freund von uns seine Frau verloren. Er hat nie geklagt über ihren Tod. Die beiden sind auch ein besonderes Ehepaar gewesen: radikal unabhängig; beide hatten ihren Beruf, und sie haben einander geneckt, als wäre eines des andern Nervensäge. Plötzlich hat unser Freund nicht mehr schlafen können. Einfach so. Er hat die Achseln gezuckt und drüber gelacht. Und dann hat er mich angeschaut wie Friedel und Erwin: als wäre ihm entfallen, was er früher denn gesucht hatte. «Ach, weißt du», hat er gesagt, «die Möbel reden nicht mehr zu mir.»
In jenem Moment ist mir eingefallen, welchen Satz ich als zwölfjähriges Mädchen im Heft stehen ließ: «Heimat ist, glaube ich, ein Mensch.»

del u der Erwin di Bildli zrügg i d Täsche gsteckt un i ha plötzlech gseh, wi si wider dra ddänkt hei. Es schrecklechs Wort. Es het's nie öpper gseit, es het nie öpper gredt drüber. I däm Wort sy alli verschwunde.
D Friedel u der Erwin sy elei i d Schwyz cho.
Vor paarne Monet het e Fründ von is sy Frou verlore. Er het nie klagt drüber. Di zwöi sy o nes bsunderigs Ehepaar gsy: eso radikal unabhängig vonang; beidi hei ihre Bruef gha; u de hei si sech geng eso luschtig gmacht überenand, wi we jedes d Närvesagi wär vom angere.
Ungereinisch het üse Fründ nümm rächt chönne schlafe. Eifach eso. Er het d Achsle zuckt u glachet drüber. U plötzlech het er grad drygluegt wi aube d Friedel u der Erwin: wi wen ihm zum Chopf uus wär, was er früecher gsuecht het. «Aba», het er gseit, «weisch, d Möbu rede nümme zue mer.»
I däm Momänt isch mer ygfalle, was i als 12järigs Meitschi für ne Satz im Heft ha la stah: «Heimat ist, glaube ich, ein Mensch.»

Mausgraue Socken

Haben Sie gut geschlafen heute nacht? Oh, ich frage aus echtem Mitgefühl. Nur nicht wachliegen im Finstern. Auf was man da nicht alles kommt, vom Hundertsten ins Tausendste, und es wird je länger, je aussichtsloser in der Welt. Allerdings kann ich keinen einzigen klaren Gedanken fassen, ich verstricke mich nur immer tiefer ins Problemgarn.
Gar kein übles Bild: Problemgarn. Denn eigentlich stricke ich in der Nacht mausgraue Socken. Die Hälfte der Maschen fallen mir von den Nadeln im Dunkeln, und der Rest verfilzt. Aber ich lasse nicht locker, unermüdlich ziehe ich das Garn nach, schließlich muß ich die ganze Familie bestricken: fünf Personen, macht zehn Füße und keine einzige Socke. So lernt man froh sein, irgendwann von der Welt zu können.
Jetzt frage ich mich, ob ich am Ende doch etwas geerbt habe von Tante Luise. Auch sie war eine Schlaflose und konnte bis zuletzt nicht loslassen. Was da alles aufgeschrieben stand im Testament. Auf Jahre hinaus jede Eventualität festgezurrt: Wer im Haus wohnen durfte bis wann, und wer es verkaufen sollte, via «Neue Zürcher Zeitung»; und die Spalierbirnen dürfe man nicht vergessen zu pflücken, und wenn Charlie bis dahin vom Trinken losgekommen sei, dürfe er das Bild überm Sofa haben; aber die handgemalten Mokkatassen gehörten auf die Seite des Ehemannes selig; und das Grab sei gekauft und der Stein ausgesucht ... Und es wird Sie schon nicht mehr wundern: Tante Luise hat sogar ein Abonnement abgeschlossen für die Grabbepflanzung. Ich bin die Jüngste ihrer Nichten – es ist alles bezahlt, bis ich 95 werde ...

Heit'er chönne schlafe, di Nacht? Jä, i frage mit ächtem Mitgfüel. Nume nid Wachligen ir Fyschteri. Uf was me da alls chunnt, vom Hundertschte i ds Tuusigschte, u 's wird je lenger, je ussichtsloser uf der Wält. Aber i tue nid öppe klar dänke, i cha nume so im Problemgarn desumelyre.

Da's ch jitz no nes guets Bild, das mit em Garn: Eigetlech tuen i nämlech i so Nächt muusgraui Söcke lisme. D Helfti vo de Masche gheit mer ir Fyschteri grad sowiso vo der Nadle, un us em Räschte machen i Fädilätsche. Aber i la nid lugg, i rysse ds Garn unermüedlech nache, wüll i di ganz Familie mues überlisme: Füfi sy mer, macht zäche Füess u ke einzige Socke. So lehrt me froh sy, einisch ab der Wält z chönne.

Jitz fragen i mi glych, ob i emänd öppis gerbt heig vor Tante Luise. Die het drum o geng schlächt gschlafe u bis zletscht nid chönne luggla. Was isch du da alls ufgschribe gsy im Teschtamänt. Uf Jahre usen alli Eventualitäte feschtgleit: Wär i ds Huus dörf ga wohne bis wenn, u wär's de verchoufe, via Nöji Zürizytig, u d Spalierbire hingäge söll me de abläse, u we der Charlie bis denn nümme trink, so dörf er ds Bild überem Sofa ha, aber di handgmalne Moggatassli göngen uf d Syte vom Maa selig; u ds Grab syg gchouft u der Stei usgläse... U Dihr wärdet scho gar nümme stuune: D Tante Luise het sogar es Abonnemänt abgschlosse für d Grabbepflanzig. I bi di jüngschti vo ihrne Nichtene, u 's isch alls zalt bis i 95 wirde.

E ja, das sy äbe so gspänschtisch schwyzerischi Nachtvorsorgereie. Derby hätt d Tante rueig chön-

Mausgraue Socken

Ach ja, so sehen die gespenstisch schweizerischen Nachtvorsorgereien aus.
Dabei hätte die Tante ruhig einschlafen können – es ist trotzdem anders gekommen. Und wissen Sie warum? Weil niemand mit den Lehrlingen rechnet. Schon der Bildhauer hatte einen. Er mußte Tantes Namen in den Stein meißeln, der Lehrling: Luise Glauser. Bei der Enthüllung hat sie allerdings eine Spur daneben geheißen: Klauser, statt Glauser. Aber wir haben den Stein nicht noch einmal ausgraben lassen. Deswegen müssen wir jetzt an den Lehrling denken, wenn wir davorstehen – ich unter Umständen bis 95.
Und wer weiß: Vielleicht ist der falsche Name für die Tante auch der richtige. Denn wer von uns würde sonst dran denken, daß wir sie nie richtig gekannt haben?

nen yschlafe, 's isch glych chrumm glüffe. U wüsset'er warum? Wüll niemer mit de Lehrlinge rächnet. Scho der Bildhouer het eine gha, so ne Lehrling. Er het der Tanten ihre Name müessen i Stei meissle: Luise Glauser. Bir Enthüllig het si es Spürli dernäbe gheisse: Klauser, statt Glauser. Aber mir hei der Stei nid no einisch la usgrabe. Drum müesse mer jitz alli geng a Lehrling dänke, we mer dervor stöh – i vilicht bis 95.

U wüsset'er was: Vilicht isch der falsch Name für d Tante o richtig. Wär von is würd süsch dra dänke, dass mer se nie richtig kennt hei?

So, dann wollen wir die Woche gemeinsam in Angriff nehmen.

Apropos Angriff: Ich bin immer wieder verblüfft, wie viele von Ihnen mir gratulieren zu meinem Mut am Mikrofon. Ich würde ganz gern in ein paar Hörerherzen überwintern als weiblicher Winkelried. Aber entschuldigen Sie: Wo leben wir eigentlich? In der Schweiz genießen nicht nur Parlamentarierinnen und Parlamentarier ihre Redefreiheit. Ich riskiere doch nichts, wenn ich sage, was ich denke. Und «Zum neuen Tag» ist wahrhaftig keine Rubrik, wo die Fetzen fliegen. Zumindest nicht die politischen. Ich, für mein Teil, greife meistens auf den Alltag zurück, auf Lappalien eigentlich, die mich nicht loslassen. Und meistens mündet das Ganze in eine Frage. Mir ist es nämlich lieber, wenn Sie selber denken. Ist das keine Demokratie – eine perfid persönliche, wofür wir keiner Partei die Verantwortung in die Schuhe schieben können?

Nehmen wir zum Beispiel den Familienalltag: Sind wir nicht meistens, ohne es zu merken, Diktatoren in Taschenformat? «Wer seinen Sohn lieb hat, der züchtigt ihn.» O ja, funktioniert problemlos, sogar ohne Fäuste: «Bürschchen, wenn du schon gegen AKWs bist, so stell erst mal den Kasten ab. Fernsehen wird nicht mit Kerzchen gemacht.»

Und wie steht's um die Demokratie im Geschäftsleben? Kürzlich hatte ich eine Lesung, und plötzlich streckte ein Mann die Hand auf und sagte, ich solle aufhören, an das Märchen vom Mitdenken zu glauben, das sich auszahle. Wer Angestellter sei und eine Familie habe, könne es sich nicht leisten, auf Beförde-

Jaa was

So, de wei mer dänk di Wuchen i Aagriff näh zäme. Apropos Aagriff: I bi geng baff, wi vil vo Nech mer gratuliere zu mym Muet am Mikrofon. I wurd ja gärn i paarne Hörerhärz überwintere als wybleche Winkelried. Aber exgüsee: Wo läbe mer de eigetlech? Ir Schwyz gniesse nid nume d Parlamentarierinne u d Parlamentarier ihri Redefreiheit. I risggiere doch nüüt, wen i säge, was i dänke. U «Zum Neuen Tag» isch meini nid grad e Rubrik, wo d Fätze flüge. Ömu nid di politische. Ig, für my Teil, rede meischtens us em Alltag use, so vo ganz persönleche Sächeli, wo mi nid lugg lö. U meischtens louft alls uf ene Frag use. Mir isch's drum lieber, we Dihr sälber dänket. Isch das ke Demokratie – so ne perfyd persönlechi, wo me d Verantwortig derfür ker Partei cha i d Schue schiebe?

Näh mer zum Byspil der Familienalltag: Sy mer nid meischtens Diktatörli u merke's nid emal? «Wer seinen Sohn lieb hat, der züchtigt ihn». Gället, 's geit fabelhaft ohni Füüscht: «So, Pürschtli, we'd gäge d AKW bisch, stell afen einisch der Chaschten ab. Fernseh macht me nid mit Cherzli.»

U wi geit's de eigetlech der Demokratie im Gschäftsläbe? Nach ere Läsig vo mer het chürzlech e Maa d Hand ufgstreckt u gseit, i söll doch ufhören a das Märli z gloube vom Mitdänke, wo sech zalt mach. En Aagstellte, wo wäg der Familie nid chönn uf d Beförderig pfyffe, mües lehre nicke. Wär em Chef gägenüber ds offnige Wort füer, verlier nid öppe d Stell, nenei, ir Hochkonjunktur verlier er eifach sy gueti Qualifikation. I söll's einisch säge, am Morge früech am Radio: ir Schwyzer Wirtschaft

rung zu pfeifen. Also lerne er zu nicken. Wer dem Chef gegenüber ein offenes Wort führe, verliere zwar nicht die Stelle, o nein, in der Hochkonjunktur verliere er schlicht die gute Qualifikation. Ich solle es ruhig erzählen am Radio: in der Schweizer Wirtschaft seien die Gedanken frei – nur dürfe man sie nie laut sagen.

Summa summarum: Ich habe es leicht, als freie Schriftstellerin mutig zu sein. Ich bin von niemandem angestellt. Allerdings gibt es einen sogenannten «Literaturbetrieb», und der wird vor allem von den Kritikern bestimmt. Ich war ein einziges Mal bei einem zu Hause eingeladen. Er hatte einen Papagei in einem Käfig. Jedesmal, wenn der Literaturpapst mir etwas vordozierte, habe ich ... Ja, was habe ich groß gesagt? Der Papagei hat es prompt nachgeplappert, nach einem knappen Stündchen: «Jaa was.»

Was meinen Sie: Sollte man vielleicht in jeder Firma einen Vogel anschaffen und daheim auch gleich noch einen? Dann hörten es immer alle, wenn jemand Kratzfüßchen macht.

Mut? Jaa was.

sygi d Gedanke frei – nume lööji me se gschyder nid zum Muu uus.

Da hei mer's: I ha's liecht, muetig z sy als freiji Schriftstellere. I bi niene aagstellt. Hingäge git's e sogenannte «Literaturbetriib», u dä wird vor allem vo de Kritiker betribe. I bi numen einisch yglade gsy, bi eim deheim. Er het e Papagei gha, in ere Chräze. U jedesmal, we mer dä Literaturpapscht öppis vordoziert het, so han i... Ja, was han i ächt gross gseit? Nach em ne Stündli het's scho der Papagei nacheplapperet: «Jaa was.»

Was meinet'er: Sött me vilicht i jeder Firma so ne Vogel zuechetue, u deheim o no grad eine? De ghörte's geng alli, wen öpper Chratzfüessli macht.

Muet? Jaa was.

Altmodischer Appetit 36

Graut Ihnen auch derart vor dem Übersinnlichen? Die Theorien über den Astralleib, nicht wahr. Peinlich, was der Mensch sich alles zurechtlegt, um mit seiner Angst zu Rande zu kommen. Und andrerseits macht mir auch mein Realismus zu schaffen. Ich muß Dinge zur Kenntnis nehmen, die... Soll ich sagen «mich unsicher machen», oder soll ich sagen «mich trösten»?
Ein Amerikaschweizer hat mich völlig durcheinandergebracht. Bei der Landung in Kloten war er im Flugzeug plötzlich zusammengebrochen und lag dann drei Tage im selben Spitalzimmer wie mein Onkel. Der Amerikaner war in einer trostlosen Verfassung und hat immer wieder aufbegehrt: Er wolle zurück in die Staaten, aber sofort, dort sei er immer gesund gewesen, dort lebten seine Kinder; er wisse ohnehin nicht, was er in der Schweiz noch verloren habe, die Eltern seien ja längst gestorben.
Am dritten Tag, als ich ins Spital kam, war er plötzlich wie ausgewechselt: «Alles okay.» Seine Mutter habe den Kopf ins Zimmer gestreckt und versprochen, sie hole ihn ab, gegen Abend.
Ja, Sie spüren es längst: Am Abend ist er gestorben. Und mein Verstand hat mir sofort gesagt, diese Mutter-Erscheinung sei auf eine Hirnstörung zurückzuführen gewesen. Möglich. Bloß kein Trost. Ist die reale Mutter immer einer? Warum müssen die Söhne, die erwachsenen Kinder, sich denn die Ohren zustopfen, um sie zu ertragen? Eine meiner Freundinnen hat kürzlich erzählt: Jahrelang habe sie nicht mal in die Badewanne steigen können, ohne daß der Bub gegen die Tür gepoltert hätte, und jetzt... Sie habe

Heit'er o so der Gruuse vor em Übersinnleche? Di Theorie vom Aschtrallyb, gället. Pynlech, was sech der Mönsch alls zwägleit, für mit syr Angscht z Rank z cho. U de han i de glych o Müei mit mym Realismus. I mues Sache zur Kenntnis näh, wo mi ... Söll i jitz säge «usicher mache», oder söll i säge «tröschte»?
En Amerikaschwyzer het mi zu den Anglen usgno. Er isch bir Landig z Klote zämebbroche u du drei Tag im glyche Spitalzimmer gläge wi my Unggle. Dä Amerikaner isch ire troschtlose Verfassig gsy u het i eim furt proteschtiert: er wöll zrugg i d Staate, u zwar sofort, dert syg er geng gsund gsy u dert läbi syner Ching; er wüss sowiso nümm, was er ir Schwyz verlore heig, syner Eltere syge ja lengschte gstorbe.
Am dritte Tag, won i i ds Spital bi cho, isch er gsy wi ne umgchehrte Händsche: «Alles okay.» Sy Mueter heig der Chopf i ds Zimmer gstreckt un ihm versproche, gägen Aabe hol si nen ab.
Dihr gspüret's dänk scho: am Aaben isch er gstorbe. U my Verstand het mer im Schwick gseit, di Erschynig vor Mueter syg halt e Hirnstörig gsy. Müglech, ja. Nume ke Troscht.
Isch di reali Mueter geng e Troscht, für di erwachsne Ching? Warum müesse si de mängisch d Ohre verha, für sen uszhalte? E Fründin vo mer het mer chürzlech verzellt, jahrelang heig si nid einisch i d Badwanne chönne, ohni dass der Bueb a d Türe polderet hätt, u jitz ... Si heig gwüss nüüt gäge di Schwigerfründinne: Nätt, würklech. Ihre mach's nume z schaffe, dass si nie meh chönn unger vier Ouge rede, mit em Suhn. O nid, we si zämen elei im ne Zimmer syge; immer los öpper zue.

ja nichts gegen diese Schwiegerfreundinnen: Nett. Wirklich. Ihr mache nur zu schaffen, daß sie nie mehr unter vier Augen reden könne mit dem Sohn. Sogar wenn sie ganz allein im Zimmer seien, immer höre jemand mit.
Die Zukunft persönlich? Oder könnte man es vernünftiger formulieren: Es ist vorbei – Mutter ade?
Ich bin eine Tochter gewesen, deren Ohren auch automatisch zuklappten, sobald die Mutter wieder anfing von früher, den ersten Schritten an ihrer Hand, so schön hätten wir's gehabt zusammen, da hätte ich mich allerdings auch noch anders gekämmt... Nun ja, meine Frisur gefalle jetzt wohl sonst irgendwem... Jedenfalls passe eins zum andern.
Aber sicher hat meine Frisur gepaßt, sicher. Ich jedenfalls habe nicht von Mutters schnurgeradem Scheitel geträumt.
Jetzt ist es schon fast zwanzig Jahre her, daß sie gestorben ist. Aber dieses Frühjahr hat der Rosenstock ausgeschlagen, den sie im Garten gepflanzt hat. Überhaupt wird mein Garten immer mehr zu Mutters Garten.
Geht es Ihnen vielleicht auch so, daß Sie einen altmodischen Appetit zu entwickeln beginnen? Nach Fotzelschnitten. Nach Grießbrei mit Zimt. Oder nach Apfelmus mit gerösteten Haferflocken. Man spürt es auf der Zunge, wie man langsam wieder heimkommt.

Aba – d Zuekunft persönlech? Oder chönnt me's vernünftiger formuliere: 's isch verby – Mueter ade?
I bi o so ne Tochter gsy, wo d Ohren outomatisch zueklappet het, we d Mueter het aagfange vo früecher, wi schön mer's gha heige zäme, won i heig glehrt loufen a ihrem Finger; denn syg i halt o no angers gstrählt gsy; aber item: my Frisur gfall jitz dänk süsch öpperem... 's pass grad eis zum angere.
Sicher het di Frisur passt, klar. I ha wäger nid vo Mueters Bürzi tröimt.
Jitz isch si scho fasch zwänzg Jahr gstorbe, d Mueter. Aber dä Früelig het im Garte ne Rosestock usgschlage, wo si gsetzt het. Überhoupt wird my Garte geng meh Mueters Garte.
Geit's Nech öppen on eso, dass Dihr ungereinisch so altvätteregi Glüscht heit? Nach Fotzuschnitte. Nach Griesbrei mit Zimet. Oder nach Öpfumues mit gröschtete Haberflocke. Me gspürt's uf der Zunge, wi me ganz langsam wider hei chunnt.

Taubenstraße, Bern

Manchmal kommen mir die Schweizer als einsames Volk vor. Nicht, daß die Ausländer dran schuld wären. Aber es fehlt jemand, der uns wahrnimmt. Also müssen wir ständig einen Geist erfinden.
Glauben Sie mir nicht? Und was ist mit den Schweizer Heerscharen, die ihre Aktenmappe nach Hause schleppen? Ich will nicht behaupten: leer. Vermutlich prallvoller Akten, damit sich die Männer, kaum daheim, wieder in die Arbeit knien können... Vielleicht krümmen sie zwar nicht mal den kleinen Finger, nach dem Abendessen. Aber es gibt ihnen ein Gefühl der Sicherheit. Falls einer hereinspaziert käme und fragte: «Was treibst du überhaupt?» Dann eben – der Beweis: «Gerade wollte ich mich in die Arbeit stürzen.» Und wenn Herr Schweizer am Feierabend zur Firma hinausmarschiert, und einer stünde am Fenster, ganz oben – der könnte nicht denken: «Dieser Schweizer hat am Feierabend ja nur seinen Feierabend im Kopf.» O nein, der Schweizer schleppt seine Mappe rund um die Uhr.
Und wir Hausfrauen erst: Dank der vorgestellten Instanz knöpfen wir nach dem Bügeln womöglich die Hemden zu von oben bis unten, und wenn's die Familie wahnsinnig macht – so hat es doch wenigstens seine Ordnung im Schrank, falls jemand reinschauen sollte. Bitte Bücher nie offen auf den Nachttisch, und Zeitungen immer gefaltet in den Ständer – es könnte jemand kommen. Und spätestens morgens um halb neun dürfte er: ein Museum, unser Haushalt. Nur die Kordel fehlt und die Eintrittskarte: «Mitteleuropäische Kleinfamilie, sogenanntes Wohnzimmer.»
Meine Familie atmet jedesmal auf, wenn ich mich

Mi dunkt's mängisch, mir Schwyzer sygen es einsams Volk. D Usländer chöi nüüt derfür. Es fählt is numen öpper, wo nis gsiech. Drum müesse mer ständig e Geischt erfinde.
Gloubet'er's nid? U was isch de mit dene schwyzerische Heerschare, wo ne Mappe heitrage? I wott nid bhoupte: läär. Gwüss plütschvoll Akte. De chöi d Manne deheim grad wider drysatzen u... Vilicht rüere si de ke Finger, nach em Znacht. Aber 's git ne doch es Gfüel vo Sicherheit. Wen einen ynechämti u sieg: «Was machsch du da eigetlech?» De äbe – der Bewys: «Grad han i mi wöllen i d Arbeit stürze.» U we der Herr Schwyzer am Fyrabe zur Firma uus marschiert un eine stieng hinger em Fänschter, ganz höch obe – dä chönnti nid dänke: «Dä Schwyzer het o nume der Fyraben im Chopf am Fyrabe.» Oh nei, der Schwyzer bugglet sy Mappe, rund um d Uhr.
U de mir Husfrouen ersch, wi mir läbe, dank dere vorgstellten Instanz: Mir chnöpfe nach em Glette glatt d Hemmli zue vo z oberscht bis z ungerscht, u we's grad all zäme zgäggus macht – eso macht's ömu e Gattig im Schrank, wen eine wurd yneluege. U bitte d Büecher nie offen uf ds Nachttischli, u d Zytige geng gfaltet i Ständer – 's chönnt öpper cho. Speteschtens em halbi nüüni em Morge dörft er: es Museum, üsi Hushaltig. Nume d Ggordle fählt u ds Bilijee: «Mitteleuropäische Kleinfamilie, sogenanntes Wohnzimmer.»
Myr Familie lugget's aube fei, wen i wider amne Buech schaffe. De luegt mer nume no am Schrybtisch einen über d Achsle. Es darf eim ja nüüt i Schoss falle, ir Schwyz, süsch isch's nüüt wärt. Also schaffe,

ans Bücherschreiben mache. Dann schaut mir höchstens noch am Schreibtisch einer über die Achsel. Es darf einem ja nichts in den Schoß fallen, in der Schweiz, sonst ist es nichts wert. Also drauflos arbeiten und umarbeiten, und wird's auch nicht besser, so gibt's doch zu tun, und man darf sich ein Bierchen erlauben, am Abend. Darf man das? Als Frau? «Trinkt abends gern ein Bier.» Also eine Feministin, aha. Sich bloß nicht verunsichern lassen: Die Betten werden vor dem Einkaufen gemacht. Auch wenn man an der Kasse Schlange stehen muß, weil alle andern ebenfalls zuerst ihre Betten gemacht haben – logisch, sonst sähen die nordischen Decken nach Revolution im Schlafzimmer aus; man weiß ja nie, was passieren könnte... Darum sind wir ja so einsam: weil uns ein Rache-Geist verfolgt. Eigentlich kontrolliert er lauter Kinkerlitzchen: «Gib schön das rechte Händchen. Wer das linke reicht...» Hoppla, schon wären wir mitten in der Fichen-Affäre.
Nein, lachen Sie nicht. Mir scheint nämlich, viele Schweizer fühlten sich geradezu erlöst, weil es die unsichtbaren Beobachter tatsächlich gegeben hat. Wenigstens sie haben alles gesehen. «Wer nichts zu verbergen hatte, braucht auch keine Angst zu haben vor einer Fiche.» So heißt es in Leserbriefen. Und genau das ist der Geist. Er regiert nicht in Bern an der Taubenstraße, er regiert in uns selber.

schaffe, u de umschaffe, u we's nid besser wird, so het's ömu meh z tüe ggä, u me darf sech es Bierli leischte, am Aabe. Darf me das? Als Frou? «Trinkt abends gern ein Bier.» Halt e Feminischtin, aha. Sech nume nid la drusbringe: Immer bette, bevor me geit ga kommissiönle. O we men ar Kasse mues aastah, wüll all angeren o zersch bbettet hei – logisch, süsch gsieche d Schwededuvet ja nach Revolution uus im Schlafzimmer; u me weiss nie, was chönnt passiere... Drum sy mer ja so einsam: wüll is e Rache-Geischt uf de Färseren isch. Eigetlech befasst er sech mit lutter Gäggelizüüg: «Gib schön ds rächte Handeli, wär ds lingge git...», oha, scho wäre mer zmitts ir Fichen-Affäre.

Lachet nume nid. Mir chunnt's nämlech vor, vil Schwyzer syge schier erlöst, wüll's di unsichtbaren Ouge würklech ggä het: die hei se jitz äntlech einisch gseh. «Wer nichts zu verbergen hatte, braucht auch keine Angst zu haben vor einer Fiche». So heisst das, i de Läserbriefe. U genau das isch dä Geischt. Er regiert nid z Bärn, ar Tubestrass. Er regiert inis inn.

Ach, Sie sind beim Zähneputzen? Ich an Ihrer Stelle wäre vorsichtig. Oder kennen Sie die schöne Geschichte von Tucholsky nicht? Eine Frau liegt im Bett und hört, wie das Zahnglas im Badezimmer klirrt. Auf einmal könnte sie glatt aus der Haut fahren: Seit zwanzig Jahren predigt sie ihrem Mann, er solle schnell die Hand drauflegen, dann höre das Glas zu singen auf...

Merkwürdig, welche Lappalien die Temperatur eines Ehelebens in die Höhe jagen. Beschämend für beide. Oder sind Sie etwa stolz darauf, daß Sie es buchstäblich nicht mehr aushalten, wenn Ihre Frau wieder vom Jüngsten erzählt: Hat immer Lovoba gesagt, statt Lavabo. Herzig. Aber nicht zwanzig Jahre lang.

Gut, in knapp zehn Minuten gehen Sie ohnehin aus dem Haus. Und dann stehen Sie an der Bushaltestelle und sehen das erste Liebespärchen, so ein junges, dummes, das sich schon in aller Herrgottsfrühe wieder in den Armen liegt. Und wie die zwei sich in die Augen schauen – als wollten sie sie austrinken. «Und wenn sie nicht gestorben sind, so leben sie noch heut.» Im Lovoba, mhm.

Die Frau in Tucholskys Geschichte hat es auch gedacht. Und vor allem noch ein bißchen weiter: Was eigentlich ihr Mann dafür könne? Es waren ja ihre eigenen Ohren, die nur noch seine Fehler hörten. Und Sie? Ich meine: Was geht Sie das Liebespärchen an der Bushaltestelle an? Sagen Sie sich: «Die kommen automatisch zur Vernunft. Also.» Oder geht es Ihnen wie mir, und etwas rührt Sie – weil dieses Pärchen unsere eigene Vergangenheit ist: Wir bekom-

Syt'er grad am Zähnputze? I würd de chly ufpasse. Es git nämlech so ne schöni Gschicht vom Tucholsky, wo d Frou no im Bett ligt u zuelost, wi der Maa mit em Zahnglas umechlefelet im Badzimmer. Ungereinisch chönnt si grad zur Hut uus: Syt zwänzg Jahr prediget si däm Maa, er söll grad hurti d Hang druf ha, de hör ds Glas uuf singe.
Gället: spukig, was für blödi Sächeli em Eheläbe d Tämperatur ufetrybe. Gschämig, für beidi. Oder syt'er öppe stolz, dass Dihr's buechstäblech nümm ushaltet, wen Öiji Frou erzellt, wi das mit em Jüngschten isch gsy: Het geng Lovoba gseit, statt Lavabo. Härzig. Aber o nid zwänzg Jahr lang.
Syg's wi's wöll, i zäh Minute göht'er ja zum Huus uus. U de stöht'er ar Bushaltstell u gseht scho ds erschte Liebespärli, so nes jungs, dumms, wo sech scho i aller Hergottsfrüechi wider i den Arme ligt. U wi si sech de i d Ouge luege – wi we si se wetten ustrinke. «Und wenn sie nicht gestorben sind, so leben sie noch heut.» Im Lovoba, mhm.
D Frou, im Tucholsky syre Gschicht, het's o ddänkt. U vor allem no chly wyter: Was de ihre Maa eigetlech derfür chönn? Ihrer eigeten Ohre ghöri ja nume no d Fähler, won er mach.
U Dihr? I meine: Was geit Öich das Liebepärli ar Bushaltstell aa? Säget'er Nech: «Die chömen outomatisch o no zur Vernunft. Also.» Oder geit's Nech wi mir, u öppis rüert Ech eso, wüll das Pärli ja üsi eigeti Vergangeheit isch: Mir überchöme duss uf der Strass ds erschte Kapitel vo üsem Liebesroman wider z läse. U deheim schrybe mer ar Fortsetzig. Isch de gar nümme z gspüre, vo dene schönen Aafäng?

men das erste Kapitel unseres Liebesromans noch einmal zu lesen, auf der Straße. Und zu Hause schreiben wir an der Fortsetzung. Ist denn gar nichts mehr zu spüren von den schönen Anfängen? Vielleicht erinnern Sie sich noch, wie zart man miteinander umgegangen ist. Es hat einen schon geplagt, wenn man am andern überhaupt einen Fehler bemerkte. «Bloß eine Marotte», sagte man. Wenn man überhaupt etwas gesagt hat. Jedenfalls wollten Sie einander nie weh tun. Nur ist Ihnen beiden im Laufe der Jahre, so peu à peu, bewußt geworden, daß Sie keineswegs mit der Person verheiratet sind, die Ihnen einmal den Kopf verdreht hat. Sie hat sich ... entwickelt. Und wahrhaftig nicht in der Richtung, die es Ihnen leichtgemacht hätte.

Sind Ihre Zähne endlich sauber? Dann schauen Sie in den Spiegel: das Zusammenleben – ein Krampf. Es ist Ihnen anzusehen. Oder ist das wirklich noch der Kopf, den das andere einmal ans Herz gedrückt hat? Mit diesem Zwanzignachacht-Mund? Eigentlich ein Wunder, daß dafür noch jemand Kaffeewasser aufsetzen mag. Glauben Sie nicht, es könnte doch Liebe sein? Jaja, Liebe, die Ihre Fehler sieht. Sonst könnte ja jede kommen – ins Lovoba.

Möget'er Nech no bsinne, wi fyn me mitenang umggangen isch? Es het eim scho plaget, we men em angere uf ene Fähler isch cho. «E'sch numen es Maröttli», het me denn gseit. We men überhoupt öppis gseit het. Ersch im Louf vo de Jahr, u so peu à peu, isch's eim du ufggange, dass men überhoupt nid mit der Person verhüratet isch, wo eim der Chopf verddrääjt het, synerzyt. Gället, si het sech ... entwicklet. U de grad gar nid öppen i der Richtig, wo Nech's liecht gmacht hätt.

U jitz, Öier Zähn, äntlech fertigputzt? De lueget einisch i Spiegu: e Chrampf, das Zämeläbe. Me gseht Nech's wahrhaftig aa. Oder isch das würkli dä Hübu, wo ds angeren a ds Härz ddrückt het? Mit däm Zwänzgabachti-Lätsch?

Eigetlech es Wunder, we no öpper ma Ggaffeewasser obtue derfür. Heit'er nid z Gfüel, das syg emänd doch Liebi? Jaja, die wo Öier Fähler gseht. Süsch chönnt ja jedi cho – i ds Lovoba.

Schlafsack nicht vergessen

Freuen Sie sich auch so am unfreiwilligen Humor? Manchmal blitzt darin eine Wahrheit auf, die man sonst nie bemerken würde. Ich mußte lachen, als ich einen Aufruf im Pfarreiblatt las – die Gemeinde wurde aufgefordert, in der Nacht zum Karfreitag das Geschehen von Gethsemane mitzuerleben: «Wir wachen mit unserem Herrn. Bitte Schlafsack nicht vergessen.»
Schön, oder? So sieht es ja meistens mit unserem Mitleid aus. Wir besuchen zwar die todkranke Freundin durchaus im Spital. Aber wir reden am liebsten übers Gesundwerden mit ihr: Sie müsse nur fest dran glauben und Geduld haben. Kurz und gut: Wir kommen nicht zum Schlafsack heraus. Sonst müßten wir ja zulassen, daß unsere Freundin plötzlich zu uns redete wie zu sich selber. Von ihrer Angst. Am Ende würde sie uns gar fragen, ob sie wohl sterben müsse – bald? Auf einmal hätten wir kein Trostsätzchen mehr zur Hand, um uns daran festzuklammern. «Bis hierher und nicht weiter.»
Denn nicht wahr: Wir haben so wenig Selbstgefühl in solchen Situationen. Auf einmal sitzen wir wieder auf der Schulbank und werden gleich durch die Prüfung fallen. Wie sollten ausgerechnet wir jemandem beistehen in seiner Todesangst? Wir würden das Falsche sagen.
Vielleicht müßten wir nur gerade den Mut haben, etwas Dummes zu sagen, aber wenigstens das, was wir wirklich denken. Vielleicht müßten wir überhaupt nur reden wie zu uns selber: Auch wir werden einmal in diesen Kissen liegen – es ist alles eine Frage der Zeit. Nur ein Gespräch, das wir nicht mehr in der

Schlafsack nid vergässe

Heit'er o so Fröid am unfreiwillige Humor? Mängisch blitzet e Wahrheit druus, wo me süsch gar nie gsiech. I ha so müesse gugle, won i en Ufruef im Pfarreiblettli ha gläse. D Gmeind isch ufgforderet worde, ds Gscheh vo Gethsemane cho mitzerläbe, ir Nacht ufe Karfrytig: «Wir wachen mit unserem Herrn. Bitte Schlafsack nicht vergessen.»
Schön, gället. Grad eso gseht üses Mitleid meischtens uus. Mir gö zwar üsi todchranki Fründin scho ga bsueche, i ds Spital. Aber mir reden em liebschte über ds Gsundwärde mit ere: wi si nume mües dra gloube, u d Geduld nid dörf verliere. Churz u guet: Mir chöme nid zum Schlafsack uus. Süsch müesste mer's ja zuela, dass üsi Fründin wurd zue nis rede, wi zue sech sälber. Über ihri Angscht. Emänd wurd si nis no frage, ob si ächt mües stärbe – gly? Ungereinisch hätte mer kes Troschtsätzli me parat, für is dran chönne z häbe. «Bis hierher und nicht weiter.»
U gället, vor allem hei mer i derige Momänte so weneli Sälbschtgfüel.
Ungereinisch sitze mer wider im Schuelbänkli u chöi nume no dür d Prüefig sädere. Wi sötten ächt mir öpperem chönne bystah i syr Todesangscht? Mir siege sowiso ds Faltsche.
Vilicht fählt is äbe der Muet, öppis Dumms z säge – derfür wär's das, wo mer würklech dänke. Vilicht müesste mer überhoupt nume rede, wi zue nis sälber: Mir lige ja o einisch i dene Chüssi inn – 's isch alls e Frag vor Zyt. Numen es Gspräch, wo mer sälber nümm ir Hand hei, cha nis verändere. Macht is ächt das sövu Angscht? Wei mer im Grund gno geng di Glyche blybe, «bitte Schlafsack nicht vergessen»?

Hand haben, kann uns selber verändern. Macht uns gerade das soviel Angst? Wollen wir im Grunde immer die gleichen bleiben, «bitte Schlafsack nicht vergessen»?
Meinen Sie, wir hätten nur dem Sterben gegenüber Reserven? Wie gehen Sie denn um mit Ihren Hoffnungen?
Die gefährlichsten Feuer entzündet doch die Leidenschaft: Da können wir nichts mehr planen, da verlieren wir die Selbstkontrolle... Warum sülzen wir rosarot über die Liebe? Sie bringt mehr Brachzeiten und Selbstzweifel über uns als die Einsamkeit.
«Bitte Schlafsack nicht vergessen.» Ich habe zwei jungen Frauen zugehört, die über ihre Beziehungen fachsimpelten. «Weißt du, wie ich mit den Typen am besten fahre?» hat die eine gefragt. «Ich habe einfach null Erwartungen an sie. Super, sag ich dir, da wirst du von keinem enttäuscht.» – «Und warum läßt du's nicht ganz bleiben?» hat die andere gegiftelt.
Eine gute Frage – oder? Vielleicht kriecht sie uns heute nach, in unsern Schlafsack hinein.

Schlafsack nid vergässe

Dihr heit doch nid öppe ds Gfüel, mir syge nume reserviert, em Stärbe gägenüber? Wi springet'er de um mit Öine Hoffnige?
Die gfährlechschte Bränd leit d Lydeschaft: We's einisch lääuet, chöi mer is nümm erwehre, de isch usplanet, de wüsse mer nümm, wär mer sy ... Warum sülze mer ächt geng eso roserot über d Liebi? Si bringt doch meh Brachzyten u Sälbschtzwyfu über is als d Einsamkeit.
«Bitte Schlafsack nicht vergessen.» I ha zwone junge Froue zueglost, wo über ihrer Bezijige gfachsimplet hei. «Weisch, win i am beschte fahre mit de Type?», het di einti gseit, «i ha eifach null Erwartige; super, säg der, da bisch vo kem enttüüscht.» «U warum lasch's de nid ganz la blybe?» het di angeri giftlet.
E gueti Frag, gället. Vilicht geit si nis hütt no nache, i üse Schlafsack yne.

Unerforschtes Gebiet

Geht's Ihnen mies, weil die Ferien vorbei sind? Am Morgen, wenn man die Augen aufschlägt, weiß man wieder, wo man ist. Ein Graus. Wollen Sie vielleicht gleich im Bett bleiben übers Wochenende? Dann liegen Sie schon drin, wenn Sie einschlafen sollten vor Langeweile. Furchtbar, dieser Mangel an Abenteuer in der Schweiz. Kein Wunder, daß meine Cousine aus Schwanden auch nach Kenia will, im Pauschalarrangement. Zu mir nach Bern kommt sie nie, weil ihr die Stadt angst macht, dieses Menschengewimmel im Bahnhof. Wir könnten uns verfehlen, sie müßte wahrhaftig selber den 12er Bus suchen, und der fährt prompt in beide Richtungen – sie könnte in der Länggasse landen statt in der Schoßhalde, und alles ohne Reiseleiter. Aber wovon wollten wir reden? Richtig: vom Abenteuer in der Schweiz. Wir haben immer Diskussionen in unserer Familie. Die Jungmannschaft kennt mittlerweile Kuala Lumpur und Australien – im Rüscheggraben war sie nie.
Als die Kinder klein waren, schwärmten sie von den Ferien in unserem Häuschen am Thunersee. Einmal hat's drei Wochen lang geregnet, davon erzählen sie noch heute: Wir sind nämlich ins Justistal spaziert, mein Mann hat den Buben das Wäscheseil um den Bauch gebunden und behauptet, sie seien das Expeditionscorps «trenchcoat», das einen Findling stürme.
Später haben die Buben am liebsten beim Bauern die Kälber getränkt. Dafür durften sie mit zum Alpaufzug. Der Älteste ist mit einer schwarzen Blase auf der Nasenspitze heimgekommen: Er hat dem Senn den Stumpen stibitzt und zu Ende geraucht. Sicher, si-

Nöiland

Heit'er o sone Schmätter, wüll d Ferie verby sy? Em Morge, we me d Ougen ufschlat, weiss me wider, wo men isch. Weit'er emänd grad im Bett blybe, über ds Wuchenänd? De syt'er ömu scho drinn, we Dihr yschlaafet vor Längiwyli. Halt grässlech, dä Mangu a Abetüür ir Schwyz. Kes Wunder, wott my Cousine vo Schwande o nach Kenia, im Pouschalarrangement. Zu mir uf Bärn chunnt si nie, wüll ere d Stadt Angscht macht, das Gstürm im Bahnhof; mir chönnten is ja verfähle, u de müesst si no der 12er Bus sälber sueche, u dä fahrt de prompt i beid Richtige – si chönnt ir Länggass lande statt ir Schosshalde, alls zämen ohni Reiseleiter. Aber vo was hei mer jitz eigetlech ...

Aha ja: Vom Abetüür ir Schwyz. Mir hei nämlech geng Diskussione mit üsne Junge, derwäge. Di kenne mittlerwyle Kuala Lumpur u Australie u sy no nie im Rüscheggrabe gsy.

Als chlyn hei si no gärn mit is Hüsliferie gmacht, am Thunersee obe. Einisch het's drei Wuche lang grägnet, u vo däm schwärme si no hütt: Mir sy nämlech i ds Justistal ufeglüffe, u der Maa het ne ds Wöschseili ume Buuch bbunge u verzellt, jitz syge si ds Expeditionscorps «trenchcoat», wo ne Findling tüeg bezwinge.

Speter sy d Bueben am liebschte zum Buur ga d Chälber tränke, u derfür hei si de mitchönne uf en Alpufzug. Der Eltischt isch heicho mit ere schwarze Blaatere uf em Nasespitz. Er het drum em Senn der Stumpe gstibitzt u fertiggroukt. Jaja, 's isch ihm schlächt worde, wi speter z Mallorca vom Fisch, im Hotel. My Maa wär denn vil lieber i Rüscheggrabe,

Unerforschtes Gebiet

cher, es ist ihm schlecht geworden, wie später in Mallorca vom Fisch, im Hotel. Mein Mann wäre damals viel lieber in den Rüscheggraben als auf den Grill am Strand. Aber Sie wissen ja, wie's geht: Auf einmal sind die Kinder reif und halt so wahnsinnig schlapp – jeder Wanderschuh bringt sie zum Gähnen. Aber auch das geht vorbei. Die unsern haben René Gardi gelesen, und schwupp, hat der Jüngste mit seinem Freund ein Afrika-Projekt auf die Beine gestellt: drei Wochen trecken im Rif. Und wegen der 40 Grad im Schatten sollten wir uns nicht so anstellen – sie würden ein Sonnenhütchen aufsetzen.
Ich habe erst mal das Lexikon aus dem Gestell genommen: «RIF. Stark zerklüftetes, schwer zugängliches Küstenbergland im Nordwesten Marokkos.»
«Dann könntet ihr ebensogut in den Rüscheggraben», hat mein Mann gesagt. Donner und Doria, wurden da Türen zugeschlagen. Aber wie gesagt: Bis zum heutigen Tag ist der Rüscheggraben «terra incognita».
Was halten Sie davon, sich jetzt aus den Leintüchern herauszuschälen? Das Abenteuer in der Schweiz harrt seiner Entdeckung. Aber vermutlich haben Sie kein Wäscheseil mehr, für Ihren Bauch – nur einen Tumbler.

als i d Moschteten am Strand. Aber Dihr wüsst ja, wi's geit: ungereinisch sy d Ching halt ryf, u de sy si so wahnsinnig schlapp – jede Wanderschue macht se z gine. Aber das geit o verby. Üser hei du René Gardi gläse, u schwupps, het der Jüngscht mit sym Fründ zämen es Afrikaprojäkt uf d Bei gstellt: drei Wuche trecke, im Rif. Mir sölle kes Büro uftue, wäg dene 40 Grad im Schatte – si legi nes Sunnehüeti a.

I ha afen einisch ds Lexikon usem Büechergstell gno: «RIF. Stark zerklüftetes, schwer zugängliches Küstenbergland im Nordwesten Marokkos.»

«De chönntet'er gradsoguet i Rüscheggrabe», het my Maa gseit. Potz, hei di Türene du gchlepft. Aber wi gseit: bis hütt isch dä Rüscheggrabe «terra incognita».

Was meinet'er, we Dihr Nech jitz doch würdet zum Bett uus wälle: Ds Abetüür ir Schwyz wartet uf Nech. Aber jitz heit'er dänk kes Wöschseili meh für ume Buuch – numen e Tumbler.

Pam und Bobby

Führen «Denver» und «Dallas» auch in Ihrer Familie zu endlosem Palaver? Es gibt keinen einzigen echten Ton in diesen Fernsehserien. Da kann man die Kinder wahrhaftig nicht mit offenem Mund davor sitzen lassen – kein Hauch von Ironie schützt sie vor dem Gefühlsgestricke: Pam in Scheidung und wird auch davon nicht schwanger. Bobby tot und läuft zehn Folgen später gesund und munter über den Bildschirm. Ach was – das Ganze ist ohnehin nur gedreht, um die armen Leute zu trösten und ihnen zu zeigen, daß die Reichen soviel größere Sorgen haben.
Auf alle Fälle bin ich froh, daß meine Kinder erwachsen sind und sich fast nur noch politische Sendungen ansehen, wie mein Mann und ich. Nein, ich will nicht behaupten, daß Fernsehen uns nicht mit der ganzen Welt verbindet. Ich gebe sogar zu, daß wir über die Festtage kaum vom Bildschirm losgekommen sind – vielleicht ist es Ihnen ähnlich ergangen. Ständig hatte man das Gefühl, eigentlich müßte man wissen, wie es in Rumänien weitergehe: Bürgerkrieg. Es hat allerdings einen makabren Zug: Die ganze Welt gafft wie ein Ölgötz, und niemand greift ein. Man sitzt da, als ob die Straßenkämpfe eine Show wären. Und doch ist es mir an Weihnachten vorgekommen, unser Zuschauen habe mit einer ganz elementaren Hoffnung in uns zu tun. Vielleicht haben wir in Rumänien mehr von einer christlichen Aufbruchstimmung gespürt als hier bei uns.
Auch nach dem 25. Dezember hat das französische Fernsehen jede Nacht Einschaltsendungen ausgestrahlt. Viele Rumänen sprechen Französisch, sogar «der Mann von der Straße», die einfachen Leute. Sie

D Pam u der Bobby

Heit'er o mängisch so nes Gstürm ir Familie wäge «Dallas» u «Denver»? Es git ja nid en einzigen ächte Ton, i dene Fernseh-Serie. Ömu d Ching cha me nid la luege, so mit offnige Müler elei vor em Chaschte – di chöi dere ganze Gfüelslismete ke Huuch Ironie etgägeha: D Pam, wo scheidet u glych nid schwanger wird dervo. Der Bobby, wo stirbt u zäh Serie speter glych purlimunter übere Bildschirm louft. Aba – ds Ganzen isch sowiso nume ddrääjt worde für die arme Lüt z tröschte: me zeigt ne, wi di Ryche vil schwäreri Sorge hei.

Item; i bi froh, sy myner Ching erwachsen u luege bau nume no politischi Sändige, wi my Maa un ig. I wott nid bhoupte, ds Fernseh verbind is nid mit der ganze Wält. I gibe sogar zue, dass my Familie über d Feschtzyt bau nümm isch vom Bildschirm los cho – vilicht isch's Nech ja ähnlech ggange: ständig het me ds Gfüel gha, me sött luege, wi's z Rumänie wytergöng: Bürgerchrieg. Es het scho ne makabre Zug: Di ganzi Wält göjet wi nen Ölgötz u niemer gryft y. Me sitzt da, wi we d Strassekämpf numen e Show wäre. U glych het's mi ar Wienachte ddünkt, ds Zueluege heig öppis z tüe mit ere ganz elementare Hoffnig in is. Vilicht hei mer äbe z Rumänie meh gspürt vore chrischtleche Ufbruchstimmig, als hie bi üs.

O nach em 25. Dezämber het ds französische Fernseh jedi Nacht Yschaltsändige bbracht. D Rumäne chöi äben am endschte Französisch, o di ganz eifache Lüt uf der Strass. Si hei d Fernsehequippen i d Hüser ynegla u se deheim ufgno wi Gescht, wo men uf se planget het. Si hei ne vor loufender Kamera verzellt, u teil hei aafa briegge derby.

Pam und Bobby

haben die fremden Fernsehequipen in ihre Häuser eingelassen, haben sie empfangen wie lang erwartete Gäste, sie haben ihnen erzählt vor laufender Kamera, und einige haben plötzlich geweint.
Ich habe mich erst geschämt, als eine alte Bäuerin unter ihrem roten Kopftuch hervorgelächelt hat wie ein gutgläubiges Kind. Danach habe ich mir keine dieser Sendungen mehr ansehen können.
Vorher, das Verhör von Ceaucescu und seiner Elena, habe ich gerade noch ertragen; vielleicht weil es mir die Illusion gab, ich würde einer geschmacklosen Shakespeare-Inszenierung beiwohnen: Macbeth und seine Lady, die ihn zum Mord angestiftet hat.
Aber das Bild dieser arglosen rumänischen Bäuerin war kein Theater – es war schon eher ein Spiegel. Die Frau hatte mit dem Finger auf die Wand ihrer Stube gezeigt. Das Foto von Ceaucescu war schon abgehängt. Dafür klebte dort jetzt ein anderes: Pam und Bobby aus der «Dallas»-Serie. Der Reporter von France trois hat sich lächelnd erkundigt, wie die Familie ausgerechnet zu diesem Bild gekommen sei. «Durch unseren Sohn, der geflohen ist», hat die Bäuerin gesagt. Und daß alle in Rumänien jetzt endlich auch werden wollten wie wir.

D Pam u der Bobby

I ha mi ersch gschämt, wo nen alti Burefrou unger ihrem rote Chopftuech füreglächlet het, wi nes guetglöibigs Ching. Vo denn ewägg han i ke Sändig meh chönnen aaluege. Ds Verhör vorhär, mit em Ceaucescu u syren Elena, han i no fei möge preschtiere. Vilicht wäg der Ironie. I han ere gschmacklose Shakespeare Inszenierig zuegluegt: em Macbeth u syr Lady, wo ne zum Mord aagstiftet het.

Aber ds angere Bild, das vo deren arglose rumänische Büüri, isch äbe kes Theater gsy – ender e Spiegu: Si het mit em Finger a d Stubewand ufe ddüttet. Dert isch d Foto vom Ceaucescu scho abghänkt gsy. Derfür het men en angeri usgschnitten u häregchläbt: d Pam u der Bobby us der «Dallas»-Serie.

Der Reporter vo France trois het müesse lächle. Er het sech erkundiget, wi d Familie juscht zu däm Bild syg cho. «Dür üse Suhn, wo gflüchtet isch», het d Büüri gseit. U dass jitz alli z Rumänie äntlech o wölli wärde wi mir.

Auf die Zähne beißen

Jetzt halten die Emanzen Einzug in die Reklamewelt. Haben Sie die Schelmchen gesehen? Beißen auf ihr eigenes Kreditkärtchen. Oder schauen Sie die Inserate nicht an in den Zeitungen? Mir scheint, da zeige sich zuweilen unverstellter, was läuft, als in den Textspalten. Nehmen wir nur die Religion: Hat die Schweiz denn eine – und wenn ja, wo?

Wenn Sie in den Ferien durch einen arabischen Bazar schlendern, fallen Ihnen mitten im Elend die Bretterbüdchen auf, wo Ketten und Armspangen gleich bündelweise hängen. Jaja, exklusive Ware mit Goldstempel. Auch arme Moslimfrauen lassen sich nämlich kein X für ein U vormachen. Sollte der Ehemann sie verstoßen, darf eine Frau nur mitnehmen, was sie auf dem Leib trägt, laut Koran. Also muß jede drauf aus sein, daß ihr Mann echten Schmuck anschleppt, solange die Geigen noch im Ehehimmel geigen. Jedes Goldkettchen ist ein Stück Lebensversicherung – sofern es am Hals hängt, wenn der Herr ausrastet.

Was glauben Sie: Wenn eine daherkommt wie eine wandelnde Goldsäule – lachen die andern Frauen sie aus, oder lästern sie gar: «Reisefertig oder erst aufs Schlimmste gefaßt?»

Und bei uns das leibhaftige Gegenteil. Lesen Sie keine Reklame? Nur dank Juwelen weiß man, daß es so recht von Herzen klappt zwischen zweien. Nichts da von wegen Lebensversicherung – das ist goldlauteres Christentum: «liebe deinen» undsoweiter. Auch daß wir Frauen nicht lachen über den Schmuck einer andern. Sie muß damit repräsentieren. Schließlich ist die Frau die Visitenkarte des Mannes ... Halt, nein.

Uf d Zähn bysse

Jitz halte d Emanzen Yzug i d Reklamewält. Heit'er se gseh, di Luuserli? Byssen uf ds eigete Kreditchärtli. Oder lueget'er d Reklame gar nid aa, ir Zytig? Mi dunkt's, da verstöng me mängisch gnauer, was louf, als i de Täggschtspalte. Näh mer nume d Religion: Git's ir Schwyz eini – u wenn ja, wo ächtet?

We Dihr i de Ferie dür nen arabische Bazar loufet, falle Nech zmitts im Eländ so Brätterbudeli uuf, wo z buschlewys Chöttine drann ufghänkt sy, u Armspange. Jaja, alls zäme War mit Guldstämpel. Grad di arme Moslimfroue lö sech nämlech ke X für nen U vormache. En Ehemaa cha se jederzyt verstosse, u lutt Koran darf er ne nume nid ewäggnäh, was si uf em Lyb trage. Drum mues jedi Frou luege, dass ere der Maa Schmuck heischleipft, solang d Gygen im Ehehimel no gyge. Jedes Guldchötteli isch e blätzwyt e Läbesversicherig – ömu, we si's ume Hals het, we der Herr usraschtet.

Was gloubet'er: wen eini derhärchunnt wi ne wandelndi Guldsüüle – lache se di angere Frouen us, oder fötzle si sogar: «Bisch de reisefertig oder numen uf ds Schlimmschte gfasst?»

U bi üs grad ds lybhaftige Gägeteil. Läset'er ke Reklame? Nume dank de Juwele weiss me, dass es so rächt vo Härze klappt zwüsche zwöine. Nüüt da Läbesversicherig – da'sch guldluters Chrischtetum: «liebe deinen» undsowyter. O dass mir nie lache, übere Schmuck vo ren angere. Di isch doch am Repräsentiere. Schliesslech isch d Frou em Maa sys Visitechärt... Hoppla, halt, da isch ja ne Fure ggange, ir Wärbig. Wi heisst's jitz, eso sälbschtbewusst? Heit'er das Inserat nie gseh: e jungi Frou, ganz elei,

Auf die Zähne beißen

Die Werbung hat sich ja entwickelt. Wie heißt es jetzt so selbstbewußt? Haben Sie dieses Inserat nicht gesehen: eine junge Frau, ganz allein, ein blasiertes Brett im Schottenrock. Und drunter der Text: «Ich habe einen sehr einfachen Geschmack: das Beste, mehr verlange ich nicht.» Nicht bitten, nicht diskutieren. Einfach das Beste. Und sollte die Dame des Hauses einmal niederkommen: Meine Herren, nicht drauflos küssen vor lauter Vaterfreuden. Auch eine Wöchnerin bleibt, wer sie ist. Erst wenn Sie ein Schächtelchen aus der Hosentasche klauben, hat sie ihr Aha-Erlebnis: Sie danken. 24 Karat, meine Herren, sie will nicht mehr als eine Orientalin.
Gottlob wird keine Frauenpolitik gemacht via Reklame. Und Religion ist sie auch keine. Aber etwas ganz Apartes... lustvoll, witzig. Und wenn Sie das keinem abnehmen: Dann denken Sie an die Arbeitsplätze; damit ist wieder allen geholfen. Das Christentum haken wir am Sonntag ab. Beten kann man immer für die unterprivilegierten Frauen. Und so dumm sind die nun auch wieder nicht in der Schweiz, die wissen längst, wo's langgeht.
Und Sie? Beißen Sie doch mal auf die Kettchen, die man Ihnen umgelegt hat. Es ist nicht alles Gold, was glänzt.

so nes blasierts Brättli imne Schotteschüpli. U drunger der Täggscht: «Ich habe einen sehr einfachen Geschmack: das Beste, mehr verlange ich nicht». Ömu ke Bittibätti, ömu kener Diskussione. Eifach ds Beschte. U sött eso ne Dame des Hauses einisch nidercho: Myner Herre, bitte, nid druflos müntschele vor luter Vatterfröide. O ne Wöchnerin blybt, wär si isch. Ersch, we Dihr es Schachteli zum Hosesack uus chnüblet, het si ihres Aha-Erläbnis: Dihr tüet ere danke, 24 Karat, myner Herre, si wott nid meh als en Orientalin.
Gottlob wird ke Frouepolitik gmacht über d Reklame. U Religion isch's o ne keni. Numen öppis ganz Aparts ... luschtvoll, witzig. U we Dihr's nid gloubet, so dänket a d Arbeitsplätz; da dermit isch wider allne ghulfe. Ds Chrischtetum haagge mer am Sunntig ab. Bätte cha me geng, für di underprivilegierte Froue. Un eso dumm sy de die o wider nid, ir Schwyz: si kapiere scho lang, wi's louft.
U Dihr? Bysset doch einisch uf d Chötteli, wo me Nech ume Hals ghänkt het. Es isch nid alls Guld, wo glänzt.

Hoffnungen

Erstaunlich, wie genau die Sprache zuweilen ist. Heißt es nicht, eine Frau sei «in Hoffnung», wenn sie ein Kind erwartet? In dieser Zeit spüren wir zum ersten Mal elementar, daß wir nichts in der Hand haben. Viele können die Angst kaum aushalten. Überall sehen sie nur noch Krankheiten und Behinderungen, und sie schwören sich, was wir alle uns einmal geschworen haben: daß sie nie wieder unzufrieden sein wollen, wenn das Kind nur gesund zur Welt kommt. Und dann ist es da, das Kind, wunderbar, und schon hofft die Mutter, daß es klappen wird mit dem Stillen, sie schwört sich, nicht locker zu lassen – Sie entsinnen sich bestimmt –, damit das Kleine zunimmt, damit ihm die Zähnchen nicht zu sehr zu schaffen machen; und wenn es nur nicht zu früh auf den krummen Beinchen stehen will und doch rechtzeitig laufen lernt; wenn es bloß die Impfungen alle heil übersteht und nicht stottert...
Fast ohne daß wir es wollen, werden unsere Hoffnungen... Sagen wir «arroganter»: Wenn das Kleine nur kein Zappel-Philipp ist im Kindergarten; wenn es sich bloß nicht als Legastheniker entpuppt beim Einschulen. Und nicht wahr, so allmählich, aber sicher geraten wir auf Touren, auch wenn wir uns geschworen haben, nie mitzuhalten in Sachen Schulehrgeiz, plötzlich wurmt es uns, daß es an einem halben Punkt liegen soll, ob Sekundarschule oder nicht Sekundarschule. «Jetzt zum Kuckuck konzentrier dich auf die Hausaufgaben»; und schon haut man ihm das Zeugnisbüchlein um die Ohren; ist doch wahr, jetzt kann man nur noch hoffen, daß es nicht sitzenbleibt, das Kind.

Hoffnige

Erstuunlech, wi d Sprach mängisch gnau isch. Warum hiess es de süsch, e Frou syg ir Hoffnig, we si es Ching erwartet? Denn gspürt me zersch mal so ganz elementar, wi me nüüt ir Hand het. Teil halte's ja fasch nümmen uus, vor Angscht. Überall gseh si nume no Chrankheiten u Behinderige, u si schwöre sech, was mir is alli einisch gschwore hei: dass si nie meh wölle uzfride sy, we ds Ching gsund uf d Wält chöm. U de chunnt's, das Ching, wunderbar alls; u scho hoffet ds Mammi, dass' ömu klappi mit em Stille, un es schwört sech, nid luggzla – Dihr möget Ech gwüss o no bsinne: de nimmt ds Chingli ömu zue, de machen ihm d Zahneli weniger z schaffe; u we's nume nid z früe wott uf di chrumme Bei stah u de glych rächtzytig lehrt loufe; we's nume d Impfigen allen übersteit u nid stotteret ...
Fasch ohni dass mer's wei, wärden üser Hoffnige ...
Säge mer «arroganter»: We ds Purschtli nume nid es Fägnäscht isch im Chintsch; wen es sech nume nid als Legastheniker entpuppt bim Yschuele. U gället, eso langsam aber sicher chunnt men uf Tuure, o we me sech gschwore het, nie mitzmachen i Sache Schuelehrgyz, ungereinisch wurmet's eim de glych, we's amne halbe Pünktli sött lige, ob Sek oder nid Sek. «Jitz gopfridstutz konzentrier di uf d Husufgabe»; u scho hout men ihm ds Zügnisbüechli um d Ohre; 's isch doch wahr, jitz cha me scho nume no hoffe, dass es nid verhocket ...
Gället, Dihr gspüret, uf was i use wott: All di edle Schwür, synerzyt, wo mer no «ir Hoffnig» sy gsy. Es isch e Schand, was us eim wird, im Louf vo de Jahr. Aber merkwürdig: Grad die Ching, wo nis alli arro-

Hoffnungen

Ach ja, Sie spüren, worauf ich hinauswill: all die edlen Schwüre, die wir abgelegt haben, als wir noch «in Hoffnung» waren. Eine Schande, was aus uns wird im Laufe der Jahre. Das Merkwürdigste ist, daß gerade die Kinder, die all unsere arroganten Hoffnungen durchkreuzen, uns zurechtstutzen auf das ursprüngliche Maß.

Sie nehmen uns beim Wort, und wir spüren wieder, was wir selber einmal wollten: «Was denn, Mamuschka, einfach an der Karriere bosseln? Es geht doch um den Menschen im Leben, oder?» Sicher, sicher geht es darum. Aber fühlen Sie sich nicht auch verloren und allein auf weiter Flur, wenn Sie sich umhören?

Ein Vater in unserer Nachbarschaft hat erzählt, wie er seinen Sohn nach dem Jus-Studium ins Geschäft zitiert und ihn gefragt habe, was er nun vorhabe mit seinem Leben. «Was denn schon, Daddy? Zweihunderttausend verdienen pro Jahr.»

Das möchte ich wissen: Was Sie eben gedacht haben. Hätten Sie dem Burschen auf die Schulter geklopft, oder wäre Ihnen durch den Kopf geschossen, daß nun endgültig alle Hoffnungen in die Knie gegangen seien?

gante Hoffnige dürtüe, stutzen is zrächt uf ds ursprüngliche Mass. Sie näh nis eifach bim Wort, u mir fö wider aa gspüre, was mer sälber hei wölle: «Was de, Mämmu, eifach ar Karriere bossle? Es geit doch ume Mönsch im Läben, oder?» Sicher, sicher, nume da drum geit's. Aber chömet'er Nech nid glych mängisch verloren u uszellt vor, we Dihr eso desumeloset?

E Vatter ir Nachberschaft het verzellt, wi ner sy Suhn nach em Jus-Studium zue sech i ds Gschäft zitiert u ne gfragt heig, was er jitz vorheig, mit sym Läbe. «Was ächt, Daddy? E Zwöihunderttuuseter verdiene pro Jahr.»

Das möcht i jitz wüsse: was Dihr grad ddänkt heit. Hättet'er däm Pursch ächt uf d Achsle gchlopfet, oder wär Nech düre Chopf gschosse, jitz sygen äntgültig alli Hoffnige i de Chnöi?

Die Flügel ausspannen

Nach sechzig Ehejahren kennt man seinen Ehepartner wohl. Und sich selber? Ich frage wegen meiner Tante, die mit 82 Witwe geworden ist. Jeden Sommer ist sie mit ihrem Mann in die Berge hinaufgezogen und hat behauptet, dort blühe sie auf, sie sei eben ein Landkind geblieben.

Aber als der Onkel gestorben war, da wollte die Tante in der Stadt bleiben: Endlich mal einen Sommer lang Schaufenster angucken, und wozu gebe es Ausverkauf? Sie hat nicht nur Kleider nach Hause getragen, auch Reiseprospekte, «Die schönsten Städte Europas», alle hat die Tante im Fluge erobert. Zu ihrem 85. Geburtstag hat sie den Enkel, der damals gerade seine kommunistische Phase durchmachte, sogar zu einer Rußlandreise eingeladen. Der müsse den Kreml einmal aus der Nähe betrachten – das helfe bestimmt, und ihr schade es nicht mehr.

Köstlich, diese Entwicklung, nicht? Oder war es Todesmut, die Flügel doch noch auszuspannen? Mein Vater hat es deutlich gesagt: Die Tante habe ihre Seele nicht ungebraucht zurückgeben wollen beim Sterben. Dieser Satz hat mich irritiert. Vielleicht, weil auch ich eine verheiratete Frau bin. Wir haben ja schnell das Gefühl, wir dürften mit uns selber nie ernst machen und müßten unsere Wünsche zurückstellen, um niemandem weh zu tun. Also wird die Seele in die Familie gelegt – dort wird sie wenigstens gebraucht. Heißt es nicht, das Schönste sei, für andere zu leben? Nur: Die meisten Frauen leben nicht für andere – sie verstecken sich hinter ihnen. Ich will Ihnen dazu eine kleine Geschichte erzählen.

Eine Freundin hat sich immer beschwert, ihr Mann

D Flügel ufspanne

Nach sächzg Ehejahr kennt me ds angeren allwäg. U sich sälber? I frage wäg der Tante, wo mit 82 isch Witwe worde. Jede Summer isch si mit ihrem Maa i d Bärgen ufe u het gseit, dert blüej si uuf, si syg halt es Landching bblibe.
Aber wo der Ungglen isch gstorbe gsy, het d Tante wöllen ir Stadt blybe: Äntlech einisch e Summer lang Schoufänschter aaluege. U für was syg eigetlech Usverchouf? Jä, si het nid öppe nume Röckli heitreit – o Reiseprospäkte, «Die schönsten Städte Europas». D Tante het sen im Flug eroberet. Zu ihrem 85. Geburtstag het si der Grossuhn, wo denn grad eso kommunischtelet het, uf e nes Russlandreisli yglade. Dä mües der Kreml einisch vo naachem aaluege, de besseri das scho, u ihre schad's nümm.
Köschtlech, di Entwicklig, gället. Oder isch's ächt en Art Todesmuet gsy, d Flügel doch no ufzspanne? My Vatter het's düttlech gseit: D Tante heig ihri Seel nid ubbruucht wölle zruggä, bim Stärbe.
Dä Satz het mi gchutzelet. Vilicht, wüll i o ne verhürateti Frou bi. Mir hei geng ds Gfüel, mit üs sälber bruuchi mer nid ärnscht z mache, u di eigete Wünsch müessi mer vertage, für niemerem weh z tue. Drum wird d Seel afen einisch i d Familie gleit – dert wird si de ömu bbruucht. Heisst's nid sowiso, ds Schönschte syg, für angeri z läbe? Nume müesst me der Ehrlechkeit halber einisch säge: di meischte Froue tüe nid läbe für angeri – si versteckle für se. Weit'er es Byspil? De mues Nech es Gschichtli verzelle:
E Fründin vomer isch der Meinig gsy, ihre Maa verstöng sen i nüüt. Vil z unsensibu, der gebornig Karrierehängscht ... E, Dihr kennet ja das Glyr. Du han i

verstehe sie nicht. Viel zu unsensibel, ein Karrierehengst... Ach, Sie kennen ja das Lied. Dann habe ich ihr einen Unterschriftenbogen zugeschickt: «Frauen für den Frieden.» Gut, man kann dafür sein oder dagegen. Meine Freundin war etwas Drittes. Sie hat mich angerufen und erklärt, leider könne sie nicht mitmachen, weil... Ihr Mann, ja. Er sei Offizier und lasse mir ausrichten, da heiße es aufpassen, der Osten habe seine Finger... Ach, Sie kennen ja das Lied.

Interessant ist eigentlich nur, daß die Ehefrau sich davor gedrückt hat, herauszufinden, was sie selber denkt. Ausgerechnet der Mensch, der sie in nichts verstand, hat ihr die Welt erklärt.

Und nicht wahr: Wenn der Mann in allen Stücken gut ist und man ihn gern hat, ist es noch viel schwerer, Sachen zu unterschreiben, die er ablehnt.

Ich frage mich manchmal, wie unsere Politik wohl aussehen würde, wenn die verheirateten Frauen den Mut hätten, selber zu leben. Nicht allein, nein, wir brauchen die Männer. Aber unser Land braucht das Riesenpotential an ungebrauchter Seele.

D Flügel ufspanne

dere Fründin en Underschrifteboge gschickt, «Frauen für den Frieden». Guet, me cha derfür sy oder derwider. Aber my Fründin isch öppis Dritts gsy. Si het mer aaglüttet u gseit, si chönn leider nid mitmache, wüll... Ihre Maa, oder. Er syg Offizier u löji mer la usrichte, da heiss es de ufpasse, der Oschte heig d Finger... E, Dihr kennet ja das Glyr.
Interessant isch eigetlech nume, wi sech di Ehefrou ddrückt het, einisch usezfinge, was si sälber dänkt. Juscht dä Mönsch, wo ren i ke Schue ynen isch rächt gsy, het ere d Wält erklärt.
U gället: we der Maa i allne Stücke guet isch u me ne gärn het, de isch's no vil erger, öppis z ungerschrybe, won är dergägen isch.
I frage mi mängisch, wi üsi Politik usgsiech, we di verhüratete Froue der Muet hätte, sälber z läbe. Nid elei, nenei, mir bruuche d Manne. Aber üses Land bruuchti das Risepotential a ubbruuchter Seel.

Weiterglucken

Schön, daß es in den Spitälern jetzt Cafeterias gibt. So hat man nicht ständig nur das eigene Elend vor Augen. Ich habe am Pfefferminztee genippt, als ein junger Mann mit einem rosaroten Babykorb vorbeitrabte, um seine Frau mit dem Neugeborenen heimzuholen. Ein Patient am Nebentisch hat ihm nachgerufen: «Ja, spring nur mit deinem Körbchen – du bist versorgt für die nächsten zwanzig Jahre.»
Mein Mann und ich wären jetzt frei – tönt ganz, als kämen die Jahre des Honigschleckens. Bloß... Freiheit macht angst. Sogar dem stärksten Mann. Spätestens bei der Pensionierung. Er hat zwar jahrelang geächzt über die Arbeitslast – jetzt schreckt ihn die Zeile leerer Tage, und er möchte am liebsten weiterschuften bis zum Sankt-Nimmerleins-Tag.
Und ich möchte am liebsten weiterglucken. Auch die Ablösung der Kinder ist eine Pensionierung. Nur können wir Mütter leider die Firma nicht verlassen, und die Kinder bleiben auch. Oder haben Sie geglaubt, die Ablösung beginne erst, wenn sie ausziehen? Dann wäre unser Dilemma kleiner: Wir würden eindeutig in Pension geschickt wie ein Mann. Aber wir müssen weiter bügeln und kochen und planen und ermuntern, und heimlich halten wir das Sprungtuch auf wie die Feuerwehr, falls... Aber kein Kind darf es merken, und sogar wir selber schämen uns: Trauen wir ihm denn kein eigenes Leben zu? Wissen Sie, was mir am schwersten fällt? Daß ich lernen muß, meine Liebe anders zu zeigen: Früher mußte sie reden, mahnen, immerzu handeln. Jetzt muß sie blind vertrauen und schweigen.
«Du bist versorgt für zwanzig Jahre.» Gewiß. Man

Müeterle

E'sch no schön, wi's jitz i de Spitäler so Cafeterias git. Dert het me nid geng nume ds eigeten Eländ vor Ouge. I ha amne Pfäffermünzteeli gsugget, un e junge Maa mit emne rosarote Bébéchorb isch verbytrabet, für sy Frou mit em Nöigeborne hei z hole. E Patiänt am Näbetischli het ihm nachegrüeft: «Ja, spring du nume, mit dym Chörbli – du bisch versorget für di nächschte zwänzg Jahr.»
Mi Maa un ig wäre jitz frei. Gället, das tönt. Wi we mer d Jahr vor is chönnten yneschläcke wi Honig. Nume schad ... D Freiheit macht halt angscht. Sogar em sterchschte Maa. Speteschtens bir Pensionierig. Jahrelang het er grochset, wüll er ständig isch ygspannet gsy – jitz machen ihm di Zylete lääre Tage Chummer ... Er wett am liebschte wyterchrampfe bis Anno Tubak.
Un i am liebschte wytermüeterle. D Ablösig vo de Ching isch o ne Pensionierig. Nume chöi mir Müetere leider d Firma nid verla. U d Ching blyben o. Dihr heit doch nid gmeint, d Ablösig föng aa, we si uszieje? De wär üses Dilemma allwäg chlyner: mir wurden i Ruestand gschickt, wi ne Maa.
Aber eso müesse mer wyter gletten u chochen u planen un ufmuntere; un im Verschleikte häbe mer geng ds Sprungtuech uuf, wi d Füürwehr – 's darf's nume kes Ching merke, mir schämen is sälber: Troue mer ihm eigetlech kes eigets Läbe zue?
Wüsset'er, was mir am meischte z schaffe macht? I mues lehre, my Liebi angers z zeige. Früecher het si müesse rede, mahne u geng öppis tue. Jitz mues si blind vertrouen u schwyge.
«Du bisch versorget für zwänzg Jahr.» Gwüss. Me het

konnte sich zwanzig Jahre lang hinter den Kindern verstecken, man konnte sich zwanzig Jahre lang mit ihnen vergessen. Jetzt kommen höchstpersönliche, ungelöste Probleme wieder zum Vorschein. Und alle ungestillten Sehnsüchte auch. Nach zwanzig Jahren ist es Zeit, daß wir unser Leben in Fasson bringen – das kann uns niemand abnehmen. Auch die Kinder nicht. Wissen Sie, was mich tröstet? Daß ich ein Leben hatte, bevor die Kinder kamen. Sie nicht? Erinnern Sie sich, welche Ziele Sie hatten und welche Träume? Und was wollten Sie ändern in der Welt?

Jetzt sind wir frei. An unseren Ärmeln hängen die Hände, die es schaffen können, und auf dem Hals sitzt der Kopf, der es wollen kann.

sech zwänzg Jahr lang hinger de Ching chönne verstecke, me het sech zwänzg Jahr lang chönne vergässe. Jitz chunnt me langsam wider zum Vorschyn, mit syne persönleche, unglöste Problem. U all di ugstillte Sehnsücht bräche nöi uuf i eim. Nach zwänzg Jahre wär's ar Zyt, ds eigete Läben emal i d Fasson z bringe – das cha nis niemer abnäh. O d Ching nid. Wüsset'er, was mi tröschtet? I ha scho nes Läbe gha, bevor d Ching sy uf d Wält cho. Dihr öppe nid? Möget'er Nech no bsinne, was Dihr Nech vorgno heit? U d Tröim, was heit'er für Tröim gha? Was heit'er wöllen ändere ir Wält?

Jitz sy mer frei. A üsnen Ermle hange d Händ, wo's chöi mache, un uf üsem Hals sitzt der Chopf, wo's cha wölle.

Die verdrehte Nabelschnur

Heimkinder und Schlüsselkinder vermissen die Nestwärme ihr Leben lang. Diese Erkenntnis füllt mittlerweile Bände, es gibt wissenschaftliche Abhandlungen darüber, Radiosendungen, Zeitungsartikel, und Tante Rosa hebt mahnend den Finger. Bis es auch die neue Generation der Mütter wieder nicht wagt, außer Haus zu arbeiten: ohne Job kein schlechtes Gewissen. Lieber die Kinder ins Fürsorgekorsett geschnürt, dann können sie nicht kippen. Über eine andere wissenschaftliche Erkenntnis hört man viel weniger: daß Überbetreuung für die Kinder genauso verhängnisvoll ist. Es gibt mehr Psychiatrie-Patienten aus überbetreuten Familien als aus kaputten Ehen oder Heimen. Aber die Schäden sind groteskerweise dieselben.
Ich bin mit einem blauen Auge davongekommen – auch ich war ein überbetreutes Kind. Als ich von zu Hause wegzog, um die Dolmetscherschule zu besuchen, habe ich gewußt, daß Mutter am Fenster stand und darauf wartete, daß ich zurückkam. Wie sollte ich ohne ihre Fürsorge existieren? Tatsächlich: Ich konnte es schlecht. Ich magerte ab, ich war kaum in der Lage, mich aufs Lernen zu konzentrieren; und abends um sechs schloß ich die Fensterläden, um die fremde Welt nicht mehr zu sehen...
Sie werden sagen, Küken dieser Sorte seien mittlerweile ausgestorben und ihre Glucken auch. Hoffentlich sind Sie nicht selber eine. Letztes Jahr war ich nämlich von der Theologischen Fakultät Basel zu einer Tagung eingeladen: «Neue Beziehungsformen und ihre Konflikte.» Ich hatte angenommen, die Studentinnen und Studenten wollten ihre Partner-

Heimching u Schlüssuching suechen es Läbe lang d
Näschtwermi, wo si nie hei übercho. Di Wysheit füllt
jitz de ganzi Bänd, es git wüsseschaftlechi Abhand-
lige drüber, Radiosändige, Zytigsartikle, u d Tante
Roseli het der Mahnfinger o uuf. Bis es di nöji Müe-
teregeneration wider nid wagt, ga z schaffe: ohni Job
kes schlächts Gwüsse. Lieber d Ching i nes Für-
sorgeggorsett zwänge, de chöi si nid kyppe. Über ne
angeri wüsseschaftlechi Erkenntnis ghört me ja nid
halb sövel: D Überbetröijig isch für d Ching grad
glych verhängnisvoll. Es git meh Psychiatrie-Pati-
änte us überbetröijte Familie als us kaputten Ehe
oder us Heim. Nume d Schäde sy groteskerwys ke
Spur angers.
I bi eigetlech no mit emne blauen Oug dervocho – i
bi o so nes überbetröijts Ching gsy. Won i deheim bi
uszoge für d Dolmetscherschuel aazfa, han i gwüsst,
dass d Mueter hinger em Fänschter steit u gluusset,
ob i nid zruggchöm. Wie hätt i söllen existiere ohni
ihri Fürsorg?
Richtig: I ha's o miserablig chönne. I bi abgmageret, i
bi chuum ir Lag gsy, mi uf ds Lehre z konzentriere;
un am Aaben am sächsi han i scho d Fänschterläde
zueta, für di frömdi Wält nümm müesse z gseh.
Dihr wärdet jitz säge, seregi Byby syge hütt us-
gstorbe un ihri Gluggeren o. Hoffetlech syt'er e keni.
Färn bin i nämli yglade gsy a ne Tagig vor Theologi-
sche Fakultät Basel: «Neue Beziehungsformen und
ihre Konflikte».
I ha aagno, d Studäntinne u d Studänte wöllen ihrer
Partnerschafts-Problem diskutiere. Hütt isch's ja
gäng u gäb, dass di Junge paarwys oder i Wohn-

schaftsprobleme diskutieren. Heute ist es ja gang und gäbe, daß die Jungen paarweise und in Wohngemeinschaften zusammenleben. Aber alle sieben Arbeitsgruppen wollten nur ihr vordringlichstes Beziehungsproblem diskutieren: die Ablösung vom Elternhaus. Ich saß völlig überrumpelt da, als meine eigenen Probleme mit der Mutter aufgetischt wurden.
Äußerlich ist die Ablösung in den meisten Fällen seit Jahren vollzogen. Aber die Studentinnen und Studenten bringen es nicht fertig, sich auch innerlich freizumachen und sich ohne Schuldgefühle auf ihr eigenes Leben einzustellen. Sie kämen sich vor wie Frevler, die sich einfach aus dem Staube gemacht und einen Scherbenhaufen zurückgelassen hätten. Jetzt müssen sie sich einen Ruck geben, um zu Hause anzurufen, und einen noch größeren Ruck, um auf Besuch zu gehen. Sie halten es nicht aus, wenn die Mutter immer wieder in den alten Erinnerungen herumkramt, statt endlich abzustoßen zu neuen Ufern.
Tun Sie das? Oder bleiben Sie als Eltern am Sonntag zu Hause, weil vielleicht ... Nun ja: Eines der Kinder könnte vorbeischauen. Aber natürlich kommt keines. Und am Abend ist man wütend über sich selber, weil man sie nicht endlich durchtrennt, diese verdrehte Nabelschnur.
Es braucht kein Messer dazu, nein. Als erstes muß man die feuchten Augen abschaffen, und als zweites die Gemütsschilderungen über Telefon. Und dann die Reisetasche packen, die Tür hinter sich zuziehen und den Schlüssel zweimal drehen im Schloß.

gmeinschafte zämeläbe. Aber i allne siben Arbeitsgruppe het me nume grad ds dringlechschte Beziejigsproblem wölle bespräche: d Ablösig vom Elterehuus. I bi ganz überrumplet dagsässe, wo myner Problem mit myr Mueter früsch sy uftischet worde: Üsserlech isch d Ablösig i de meischte Fäll syt Jahre perfekt. Nume bringe's di meischte Studäntinne u Studänte nid fertig, sech o innerlech frei z machen u sech uf ds eigete Läben yzstelle, ohni geng es schlächts Gwüsse z ha: wi Frävler, wo sech zum Stoub uus gmacht hätte u deheimen e Schärbehuuffe zrugg gla. Jitz müesse si sech jedesmal e Ruck gä für aazlütte, u no ne grössere Ruck für einisch z Bsuech z gah. Si preschtiere's nid, we d Mueter geng no i den alten Erinnerige desume chramet, statt äntlech einisch abzstosse, zu nöien Ufer.

Chöit'er's? Oder blybet'er als Elteren am Sunntig deheim, wüll ... E ja, eis vo de Ching chönnt hurti cho yneluege. Aber 's chunnt natürlech e keis. Un am Aaben isch me verruckt über sech sälber, wüll me se nie abenang hout, di verdrääjti Nabelschnuer.

Es bruucht e kes Mässer derzue, nenei. Als erschts mues me di füechten Ougen abschaffe, un als zwöits d Gmüetsschilderigen am Telefon.

U de d Reisetäsche packe, d Tür hinger sech zuezie u der Schlüssu zwöimal drääjen im Schloss.

Elternhandwerk

In der Schweiz kann man für jeden Beruf in die Lehre; zumindest, wenn es sieben Personen gibt, die das Handwerk ausüben – dann *ist* es eben ein Beruf, laut BIGA; und man eröffnet eine Klasse an der Gewerbeschule, «das Fähnlein der sieben Aufrechten».
Aber jetzt muß ich doch fragen: Wie viele Väter und Mütter gibt es eigentlich in der Schweiz? Es bleiben zwei Möglichkeiten: Entweder sind es nur sechs – oder das BIGA ist nicht bei Trost. Man dürfte doch die sogenannte Zukunft des Schweizer Volkes nicht jungen, unausgebildeten Pärchen überlassen – die haben ja nicht mal Erfahrung. Und sind derart wohlgemut, diese Pärchen, fröhlicher Hoffnung. Ja, ich erinnere mich. Freudestrahlend bin ich zur Tante gelaufen: «Wir bekommen ein Kind.» Sie hat ihr Taschentuch gesucht, und schon sind die Tränen geflossen. «Ich bin eine Dumme», hat sie gesagt, «aber weißt du, ich bin müde und weiß zu gut, wie's läuft.» Auch ich bin später dem Geheimnis auf die Spur gekommen, daß mit der Geburt noch nichts überstanden ist. Das eine Kind ist mit zwei vom Fenstersims gestürzt, das andere hat einen Fünfliber geklaut, eines hatte einen geplatzten Blinddarm, das Jüngste falschen Krupp, und nachts, wenn ich mit eiskalten Füßen über den Korridor wieselte mit Fieberwickeln, mit Hustensirup, und einen Durst hatte das eine und einen Traum das andere... Puh, ich habe an die Tante gedacht, «weißt du, ich bin müde». Allerdings. Und das Ganze ohne einen Tag Ausbildung. Ein Abschlußdiplom, wie für meinen Beruf als Übersetzerin, hätte mich zumindest beruhigt, wenn ein Kind log oder wieder dumme Streiche spielte.

Ds Elterehandwärk

Ir Schwyz cha me für jede Bruef i d Lehr; ömu, we's sibe Pärsone git, wo das Handwärk usüebe – de *isch*'s äben e Bruef, lutt BIGA; u men eröffnet e Klass ar Gwärbschuel. «Das Fähnlein der sieben Aufrechten.» Aber jitz mues i doch frage: Wivil Vätteren u Müetere git's de, ir Schwyz? Da blybe nume zwo Müglechkeite: entweder sy's nume sächs – oder de isch ds BIGA nid bi Troscht. Me dörft doch di sogenannti Zuekunft vom Schwyzer Volk nid junge, unusbbildete Pärli überla. Di hei ja nid emal Erfahrig. U sy derewäg wohlgemuet, di Pärli, «fröhlicher Hoffnung». Jä, i ma mi o no bsinne, wi ni fröidestrahlend zu re Tante bi: «Mir überchömen es Ching.» Si het der Naselumpe füregno u scho sy re d Tränen abeglüffe: «I bi ne Dummi», het si gseit, «aber weisch, i bi müed u weiss z guet, wi's de geit.»

I bi du em Gheimnis sälber uf d Spur cho, dass mit der Geburt no nüüt überstanden isch. Ds einte Ching isch mit zwöi vom Fänschtersims abegheit, ds angere het e Füflyber gchlauet, eim isch der Blinddarm platzt, ds Jüngschte het faltsche Krupp gha, u z nacht, wen i so mit yschchalte Füess überen Inlaid ddäselet bi im Korridor, mit em Hueschtesirup, mit de Fieberwicku, un es Dürschti het eis gha, un es Tröimi ds angere ... Puh, i säge Nech, i ha a d Tante ddänkt, «weisch, i bi müed». U ds Ganzen ohni Usbildig. So nes Abschlussdiplom, wi für mi Bruef als Übersetzere, hätt mi fei berueiget. Wen es Ching gloge hätt oder wider e dumme Streich gspilt, hätti mer chönne säge: «A mir ligt's uf all Fäll nid. Der Bewys hanget ja grahmet ar Wand: ‹Mutterexamen bestanden›.»

U de han i de allwäg glych dickeri Hut gha als angeri.

Dann hätte ich mir sagen können: «An mir liegt es auf alle Fälle nicht. Der Beweis hängt ja gerahmt an der Wand: ‹Mutterexamen bestanden›.»
Und trotzdem hatte ich vermutlich ein dickeres Fell als andere. Mein Mann auch. Zu diesem Schluß bin ich auf dem Rektorat gekommen, wo eine Dame neben mir zeterte, weil ihr Sohn auch ein «Versetzung gefährdet» bekommen hatte: Sie könne für nichts mehr garantieren; ihr Mann werde zum Fenster hinausspringen.
Wenn ich denke, wir, mit unserer Schar... Mein Mann wäre ja ständig im Gartenbeet herumgekrochen.
Aber so oder so: Die Jahre haben uns beiden zugesetzt, und eigentlich ist doch nur dem Schutzengel zuzuschreiben, daß unsere Kinder überhaupt groß geworden sind.
Und jetzt, jetzt sind wir am selben Punkt angelangt wie die Tante: Wir wissen haarklein, wie's geht. Mit andern Worten: Jetzt würden wir es nicht mehr schaffen, wir hätten das heulende Elend.
Sehen Sie, das BIGA hat doch richtig entschieden. Man muß alles diesen jungen Pärchen überlassen, die keinen Schimmer von elterlichem Know-how haben. Keine Angst: Ihre Unerfahrenheit umgibt sie wie das Paradies. Auch Adam und Eva sind erst herausgefallen, als sie erkannten.

My Maa o. Das han i ersch gmerkt uf em Rektorat, wo ne Dame näb mer het aafa usrüefe, wüll ihre Bueb o nes «Promotion gefährdet» het gha: Si chönn für gar nümme garantiere; jitz spring ihre Maa zum Fänschter uus.

Wen i so dänke: Mir, mit üsem Schärli... Im Grund gno wär my Maa ständig i de Gartebeetli desume gschnaagget.

Aber di Jahr hei nis o so no zuegsetzt. U eigetlech isch's glych numen em Schutzängel zuezschrybe, dass üser Ching überhoupt sy gross worde.

U jitz, jitz sy mer grad eso wyt wi d Tante: Mir wüsse haargenau, wi's geit. Mit angerne Wort: Jitz chönnte mer nümm, mir müesste plääre.

Gseht'er, ds BIGA het halt doch rächt entschide. Me mues alls dene junge Pärli überla, wo ke Ahnig hei vo elterlechem know-how. Ke Angscht: ihri Unerfahreheit umgit se wi ds Paradys. Der Adam u d Eva sy o ersch usegheit, wo si erchennt hei.

Trostlied

Gehen Sie mit mir einig, daß es zum Trösten nicht Mitleid braucht, aber eigene bittere Erfahrungen? Oder sind Sie ständig Hans-oben-im-Dorf und wissen nicht einmal, von was ich rede? Dann müßten Sie zum Einstieg wenigstens eine Stiege hinunterstürzen wie ich kürzlich, von zuoberst bis zuunterst, und das rechte Knie müßten Sie sich so recht von Herzen aufschürfen... Und wie bei mir stünde eine Zweijährige auf der obersten Stufe und riefe: «Hast du das Mäuschen erwischt?» Zum Ohrfeigen.
Aber so habe ich endlich verstanden, was meine Kinder zu hören bekamen, wenn ich sie tröstete. Vermutlich hätte ich noch eine Menge zu verstehen. Sie nicht? Ich frage ja nur, weil meine Nachbarin ein Lied singen könnte, vom Trost, den man ihr über die Ohren schüttet. Vielleicht wären ihre Depressionen schon leichter zu ertragen, wenn nicht jedermann ihr das Gefühl gäbe, sie habe gar keinen Grund dazu. «Hanni, du müßtest doch dankbar sein, drei wohlgeratene Kinder und ein Mann, der jeden Abend wie eine Uhr nach Hause kommt. Andere lassen sich scheiden. Sieh das Leben doch einmal positiv – hörst du die Vögel, wie sie zwitschern?»
Entschuldigen Sie, wenn ich schon wieder eine Frage habe: Sind Sie auch immer gleich zur Hand mit dem Zwitscher-Argument? Oder halten Sie den Sonnenschein nach dem Regen für positiver? Einverstanden, es schaudert einen, wenn jemand in seinen Depressionen versinkt.
Eigentlich sind sie ja nicht ansteckend – aber eben nur eigentlich. Darum schuhriegeln wir, wenn wir trösten: «Denk an das, was du hast, statt an das, was

Troschtliedli

Gället, zum Tröschte bruucht's nid Mitleid, numen eigeti bitteri Erfahrige.
Oder syt'er geng Hans-oben-im-Dorf u wüsset nid emal, vo was i rede? De söttet'er vilicht afen einisch d Stägen abgheie, win ig chürzlech, vo z oberscht bis z ungerscht, u ds rächte Chnöi so rächt vo Härzen ufschürfe ... U wi by mir, würd es zwöijärigs Meiteli vom oberschte Stägetritt aberüefe: «Hesch ds Müüsli verwütscht?» Zum Chläpfe. Aber eso han i äntlech verstande, was myner Ching aube hei z ghören übercho, we se ha wölle tröschte. I sött allwäg no ne Huuffe verstah. Dihr nid? I frage nume, wüll my Nachberen es Liedli chönnt singe, vo all däm Troscht, wo me re über d Ohren abschüttet. Vilicht würde ihrer Depressione scho lugge, wen ere niemer meh wett z Gfüel gä, si heig gar ke Grund derzue: «Hanni, du müesstisch dankbar sy; drü wohlgrateni Purschtli u ne Maa, wo jeden Aabe wi nes Ührli hei chunnt. Angeri scheide. Lue ds Läbe doch einisch positiv aa – ghörsch d Vögeli, wi si liede?»
Exgüsee, wen i scho wider öppis frage: Heit'er das Vögeli-Argumänt o geng im Chöcher? Oder dunkt Ech der Sunneschyn nach em Räge no schier positiver? Yverstande, es tschuderet eim scho, we öpper so i de Depressione versinkt. Aasteckend sy si ja nid eigetlech – aber äbe numen eigetlech. Drum fö mer aa lehrgötterle, we mer tröschte: «Du muesch halt a das dänke, wo de hesch, Hanni, statt a das, wo der fählt.»
So, jitz isch 's klar: mir sy angers. U de hei mer ersch no rächt. Was tischet men is eigetlech für Problem uf, wo mer sälber nid o müesste verdoue?
Apropos: Den angerne ihri Problem lösen i geng am

dir fehlt, Hanni.» So, jetzt ist klargestellt: Wir sind anders. Und recht haben wir obendrein. Was tischt man uns eigentlich für Probleme auf, die wir nicht selbst zu verdauen hätten?
Apropos: Die Probleme der andern löse ich immer am einfachsten. Auch in Sachen Ehe. Ein Blick – schon ist mir klar: Da braucht's nur eine andere Einstellung, und der Mist ist gezettelt. Ja. Drum sind wir so furchtbar gesund und normal, wenn wir auf die Depressiven eintrösten. Und wissen Sie, was für ein Verdacht mir zuweilen aufsteigt? Wir glauben ihnen gar nicht wirklich, daß sie es derart schwer haben. Sie müßten nur wollen. Wie wir. Dann kämen sie auch zu Rande mit dem Leben.
Vielleicht sollten alle, die ein schweres Herz haben, ein Bein eingipsen. Dann könnten sie sich die eigene Schwerfälligkeit erklären, und jedermann begriffe sofort, warum sie nur noch herumsitzen. Keiner würde mehr fragen, warum sie nicht hüpfen und springen. Dann wären alle mit ganz kleinen Schrittchen zufrieden. Und unser Mitleid wäre nach zwei Tagen nicht aufgebraucht, wenn noch immer alles im argen läge. Einen Gips will niemand auflösen mit Worten.
Trösten ist keine Kunst. Es braucht nur eigene, bittere Erfahrungen, bis man zu sagen wagt: «Ja, du bist arm dran, Hanni, ich weiß, das Schlimmste ist, wenn man immerzu weinen möchte und nie ganz zu sagen vermag, warum.»

süberschte. O i Sachen Eh. Ei Blick – i gseh im Schwick: Da bruucht's nüüt als di rächti Ystellig. U scho isch dä Mischt ggarettlet. Ja. Drum sy mer eso furchtbar gsund u normal, we mer uf di Depressiven ytröschte. U wüsset'er, was i mängisch z Gfüel ha? Mir glouben es gar nid rächt, dass si's eso schwär hei. Si müesste nume wölle. Wi mir. De chäme si o z Rank mit em Läbe.

Vilicht sötten alli, won es schwärs Härz hei, es Bei ygipse. De chönnte si sech's sälber erkläre, warum si so schwärfällig sy. U alli angere gsiechen o, warum si geng nume desumehocke. Niemer würd frage, warum si nid gümperle u Luftsprüng mache. De wären ungereinisch alli zfride mit ganz chlyne Schrittli. U üses Mitleid wär nid verbruucht nach zwe Tag, we no geng als bim alten isch. E Gips wott niemer uflöse mit Wort.

Tröschten isch ke Kunscht. Es bruucht numen eigeti bitteri Erfahrige, bis men eifach wagt z säge: «Ja, Hanni, du bisch es Arms, i weiss. U ds Schlimmschten isch, we me geng mues briegge u nie ganz cha säge, warum.»

Den Träumen ein Stück Brot

Letztes Jahr war ich auf einer Lesereise in der Türkei. Vor allem an Universitäten habe ich aus meinen Büchern vorgelesen. Sie werden sich fragen, was Schweizer Literatur wohl in der Türkei verloren habe. Ganz einfach: Deutsch ist die erste Fremdsprache. Allein schon wegen der Kinder der Rückwanderer. Die können beinah so gut Deutsch wie wir. Nur haben sie in der Türkei keine Zukunft mehr. Vor allem die jungen Frauen nicht. Sie haben sich auch am eifrigsten gemeldet in den Diskussionen, als ob ich ihren Träumen ein Stück Brot zurücklassen müßte: Ob es bei uns nicht nur auf dem Papier stehe, daß ein Mädchen ledig bleiben und ein unabhängiges Leben führen könne? Ob es nicht doch den gesellschaftlichen Tod erleide?
«Nein, auf keinen Fall», habe ich geantwortet. Und plötzlich begannen die Studentinnen zu applaudieren. Vielleicht den Schweizer Mannen? Die Türkinnen hängen ja vom Vater ab oder von den Brüdern, und wenn sie dieses Joch abschütteln wollen, müssen sie einem Ehemann unter die Fittiche schlüpfen.
Sehen Sie: Man muß nur weit genug reisen, um wieder eine dankbare Schweizerin zu werden. Aber wissen Sie, was mich nachträglich beschäftigt? Ich habe den Eindruck, daß Praxis und Theorie bei uns doch nicht übereinstimmen. Nicht etwa wegen der Schweizer Männer. Aber es läuft falsch bei den jungen Frauen: Sie ziehen zu Hause aus, um mit ihrem Freund zusammenzuziehen. Das einzige Plus: Schweizerinnen brauchen nicht zu heiraten, um mit einem Mann zusammenzuleben. Aber das eigentliche Geschenk nehmen nur ganz wenige wahr: daß

E Bitz Brot für d Tröim

I bi färn uf ere Läsereis gsy ir Türkei. Vor allem a Universitäte han i vorgläsen us myne Büecher. Dihr wärdet Nech frage, was ächt Schwyzerliteratur ir Türkei verlore heig. Ganz eifach: Dütsch isch di erschti Frömdsprach – scho wäge de Ching vo de Rückwanderer. Die chöi fasch so guet dütsch wi mir. Nume hei si ir Türkei ke Zuekunft meh. Vor allem di junge Froue nid. Si hei sech o am meischte gmäldet i de Diskussione, wi wen i ihrne Tröim e Bitz Brot müesst zrugg laa: Ob's de bi üs nid numen uf em Papyr so syg, dass es Meitschi chönn ledig blybe un es unabhängigs Läbe füere? Ob's nachhär nid glych der gsellschaftlech Tod erlydi?
«Nei, uf ke Fall», han i gseit. U plötzlech hei di Studäntinne aafa apploudiere. Ächt de Schwyzer Manne? D Türkinne sy ja völlig vom Vatter oder vo de Brüeder abhängig. U we si das Joch wei abschüttle, müesse si amnen Ehemaa unger d Fäcke schlüüffe.
Gseht'er, me mues nume wyt gnue reise, de isch me wider zfride, ir Schwyz. Aber wüsset'er, was mi jitz hingerdry beschäftiget? I ha der Ydruck, Praxis u Theorie stimmi nid übery bi nis. Nid öppe wäge de Schwyzer Manne. Nume louft's faltsch bi de junge Froue: si zie deheimen uus, für mit em Fründ zämezzie. Ds einzige Plus: e Schwyzere bruucht nümm z hürate, für mit emne Maa zämezläbe. Aber ds eigetleche Gschänk näh nume ganz weni Meitschi wahr: si dörften elei läbe.
D Freiheit isch e suure Luft. Ja, dä wurd ne de um d Ohre pfyffe, u vilicht wurde si früüre, di junge Froue. Nume täte si's äben einisch erläbe, dass men ir

sie nämlich allein leben dürften. Die rauhen Winde der Freiheit. Ja, sie würden ihnen um die Ohren pfeifen, und vielleicht würden die Frauen frieren. Aber so würden sie erleben, daß man in der Schweiz ohne Mann eine gemachte Frau ist und in der Gesellschaft sein vollwertiges Leben führt als Alleinstehende.
Hand aufs Herz: Haben Sie nicht den Verdacht, daß etwas nicht ganz stimmt? Sicher haben Frauen heutzutage ihren Beruf, und sicher können auch Frauen ganz in ihrem Beruf aufgehen. Aber eigentlich halten es doch alle für eine Notlösung. Nun ja, wenn eine keinen Mann gefunden hat, dann hat sie wenigstens eine gute Stelle und kann sich ein Auto leisten, oder? Ich kenne eine 22jährige Frau, die es jedenfalls so zu spüren bekommt. Jetzt lebt sie doch wahrhaftig noch immer allein, in ihrem vorgerückten Alter. Eine Kollegin hat ihr ins Ohr geflüstert: «Es wird schon noch.» Und ihre Patin hat sie eingeladen zu einer Tasse Kaffee, um einmal von Frau zu Frau zu sondieren, was denn los sei. Ein so junges, hübsches Mädchen finde natürlich einen Freund, oder... pardon, sie sei doch gesund und normal?
Was meinen Sie: Hätten die türkischen Studentinnen einmal mehr applaudiert? Oder ist alles umgekehrt, und wir Schweizerinnen reden zueinander, als lebten wir..? Nein, nicht in der Türkei: in der dritten Welt.

Schwyz ohni Maa e gmachti Frou isch, u dass men ir Gsellschaft es vollwärtigs Läbe füert, als Eleistehendi. Hand uf ds Härz: Dunkt's Ech nid, da stimm öppis nid? Natürlech hei d Froue hütt e Bruef, u natürlech chöi d Frouen im Bruef ufgah. Aber eigetlech isch's doch meh so ne Notlösig, e ja, wen eini ke Maa gfunde het, de het si äbe wenigschtens e gueti Stell u cha sech es Outo leischte, oder?

I kenne ne 22järegi Frou, wo's ömu so z gspüren überchunnt. Jitz läbt doch die no geng elei, i däm vorgrückten Alter. E Kollegin het ere's i ds Öhrli gchüschelet: «Es chunnt de scho no.» Un ihri Gotte het sen yglade zure Tasse Ggaffee, u afen einisch vo Frou zu Frou sondiert, was de o los syg. E so nes jungs hübsches Meitschi find ja natürlech e Fründ, oder ... exgüsee, es syg doch gsund u normal?

Was meinet'er, hätten ächt di türkische Studäntinne wider apploudiert? Oder isch's emänd umgchehrt, u myr Schwyzere rede mängisch zunang, wie we mer würde läben ir ...? Nei, nid ir Türkei, ir Dritte Wält.

Schweigen in allen vier Landessprachen

Kommt es Ihnen nicht auch als Plus vor, daß wir in der Schweiz vier Landessprachen haben? Ein Beweis, daß wir die Grenzen zwischen uns in Frage stellen. Wir wollen übersetzen. Wozu sonst würden wir Fremdsprachen lernen?

Meine Großmutter allerdings hatte zu schweigen, in allen vier Landessprachen. Es liegt schon beinahe hundert Jahre zurück. Damals mußte sie sich eben schämen, nicht nur vor andern Leuten. Großmutter hat sich selber verurteilt, weil sie zwei uneheliche Kinder hatte, und nicht einmal vom selben Mann.

Ihre beiden Vettern schauten gelegentlich zu tief ins Glas und posaunten es dann durch das schlafende Dorf: Was für eine Schande es doch sei mit der Base, habe die falschen Zwei ans Herz gedrückt – pfidi, fremde Fötzel.

Großmutter hat im Bett gelegen und dem Krakeelen eine Weile zugehört. Dann ist sie aufgestanden und hat das Fenster aufgemacht: «Ihr habt wieder recht», hat sie ins nachtschwarze Dorf gerufen, «aber kommt gut nach Hause.»

Meiner Mutter hat sie einmal gesagt, mit den Ohren müsse sie noch abzahlen – mit dem Mund nichts mehr. Etwas in ihr sei zur Ruhe gekommen.

«Reden ist Silber, Schweigen ist Gold.» Auch heute noch. Und in der Schweiz: Gold bleibt am Teuersten. Ich glaube, die Eltern drogenabhängiger Kinder spüren, wovon ich rede. Schweigen zu lernen in allen vier Landessprachen ist härter, als aufzubegehren: «Paßt auf eure eigenen Kinder auf, ihr habt nur Glück gehabt bis heute.» Wer weiß, vielleicht ist man noch von der Hoffnung gehalten, solange man rech-

Gället, es isch es Plus, dass mer ir Schwyz vier Landessprache hei? E Bewys, dass mer d Gränze zwüschen is geng i Frag stelle: Mir wei übersetze. Für was wurde mer de süsch Frömdsprache lehre?
My Grossmueter het zwar nume dörfe schwyge, i allne vier Landessprache. E'sch allerdings o fasch hundert Jahr här: zu dere Zyt het si sech halt gha z schäme, nid nume vor den angere Lüt. Mi Grossmueter het sech sälber verurteilt, wüll si zwöi unehlechi Ching gha het, u de nid emal vom glyche Maa.
Zwe Vetter vo re hei öppe z tief i ds Glas gluegt u de auben ir Nacht dür ds stille Dorf uus poleetet, was für ne Schand 's doch syg mit dere Base, heig di faltsche zwe a ds Härz ddrückt, huss, frömdi Fötzle.
D Grossmuetter isch im Bett blybe lige u het dere Bscherig es Wyli zueglost. De het si doch ufgha u isch a ds Löifterli: «Dihr heit wider rächt», het si usegrüeft, i ds nachtschwarze Dorf, «aber chömet gueth ei.»
Myr Mueter het si einisch gseit, mit den Ohre mües si no zale - mit em Muu nümme. Öppis ire syg ar Rue. «Reden ist Silber, Schweigen ist Gold.» O hütt no. O ir Schwyz. Hie wird ds Guld am tüürschte zalt. I gloube, d Eltere vo drogenabhängige Ching gspüre, vo was i rede. Ds Schwygen i allne vier Landessprache, het herter z lehre, als ds Usehöische: «Passet uf öier eigete Ching uf, dihr heit nume Glück gha bis hütt.» Wär weiss, vilicht isch me no ir Hoffnig deheim, solang me ma rächte mit den angere, u solang me ds Ching ma i Schutz näh. Oder tuet me sech sälber verteidige?
I kennen e Mueter, wo i sächs länge Jahr het glehrt ygseh, dass kes Widerwort hilft. U eigetlech het si

ten mag mit den andern, solange man das Kind noch in Schutz nimmt oder sich selber verteidigt.
Ich kenne eine Mutter, die in sechs langen Jahren einsehen gelernt hat, daß kein Widerwort hilft. Und eigentlich hat sie erst heute die Kraft, mit niemandem mehr ins Gericht zu gehen, sogar mit der drogenabhängigen Tochter nicht. Das Kind ist x-mal im Gefängnis gelandet, und x-mal in Therapien gesteckt worden – alles verlorene Liebesmüh, «ihr habt wieder recht, aber kommt gut nach Hause». Sie ist keine Hoffnung, die man beerdigen kann, die Liebe. Sie ist ein Recht, wozu man verurteilt ist – das letzte Menschenrecht, das die Tochter noch hat und wofür die Mutter noch verantwortlich bleibt. Sie sucht nach ihrer Tochter, auf dem bekannten Drogenplatz in Bern, und wenn sie sie findet, nimmt sie sie in die Arme und sagt: «Komm einen Bissen essen.»
Und sie hofft nur gerade, daß sie am nächsten Tag oder vielleicht am übernächsten das verlorene Kind noch einmal findet und es noch einmal in die Arme nehmen kann – dann gäbe es einen Tag mehr, der ein Gesicht bekäme wie ein Land, wo die einen reden können zusammen und die andern schweigen – aber alle versuchten zu übersetzen und wären beieinander zu Hause. Ich wünsche Ihnen einen guten Tag, einen, der am Abend etwas von Ihnen selbst auf seinem Gesicht trägt.

ersch hütt d Chraft, mit niemerem meh z rächte, sogar mit der drogenabhängige Tochter nümm. Das Chind isch x-mal im Gfängnis glandet un i x-Therapie gsteckt worde – alls vergäbni Liebesmüei. «Dihr heit wider rächt, aber chömet guet hei».
Si isch halt ke Hoffnig, wo me cha beärdige, d Liebi. Si isch es Rächt, vo me derzue verurteilt isch – ds letschte Mönscherächt, wo d Tochter no het u d Mueter no verantwortlech blybt derfür. Si geit ihri Tochter ga suechen uf dä berüchtiget Drogeplatz z Bärn. U we si se fingt, nimmt si sen i d Armen u seit: «Chum es Bysli cho ässe.»
U si hoffet nüüt, weder z mornderisch ds verlornige Ching no einisch z finge, oder z übermornderisch, u de chönnt si's no einisch i d Arme näh, un es gäbt e Tag meh, wo nes Gsicht überchämt, wi nes Land, wo teil chöi rede zäme u teil schwyge – aber alli wäre deheime binang. I wünsche Nech e guete Tag, eine, wo öppis vo Nech sälber uf em Gsicht het, am Aabe.

Gestern haben wir übers Verstummen geredet. Aber gibt es nicht auch das Gegenteil in der Schweiz – ein aufmüpfiges Schweigen, das nur noch nicht zu Wort gekommen ist?
Ich habe einen jüdischen Fabrikanten gekannt, der immer wieder erzählt hat, daß er nur deshalb die Kraft fand, einen ganzen Betrieb aus dem Nichts heraus aufzubauen, weil er als junger Bursche schweigen mußte.
Sein Vater war früh gestorben, und dem Sechzehnjährigen war nichts anderes übriggeblieben, als im Berner Oberland hausieren zu gehen. Mutterseelenallein zog er von einem Dorf ins andere mit seinen Musterkoffern, und überall hat man ihn nur «Bändelijud» genannt. Was heißt da Antisemitismus? Die Dörfler haben ihn nicht die Treppe hinuntergeworfen, sie haben ihn nicht in den Brunnen getaucht. Was haben sie überhaupt gewußt von ihm und seinem Glauben? Daß er am Samstag Sonntag machte, doch; aber sie haben ihn auch am Montag nicht in ihre Stuben gelassen, Bändelijud bleibt Bändelijud.
Nur hat er eben nachgedacht. Und gelesen hat er, unterwegs. In der Rocktasche trug er immer einen Band Schiller mit sich herum. Noch als alter Mann konnte er die Balladen und Dramen auswendig rezitieren. Zwischen den Dörfern hat er sich nämlich auf einen Stein gesetzt und zwei, drei Seiten gelesen. Und im nächsten Dorf, wenn die Kinder ihn schon in Empfang genommen haben mit ihrem ewigen «Bändelijud, der Bändelijud kommt», hat er versucht, die Seiten zu memorieren. Eine ganze hehre Schillerwelt hat er in seinem Kopf herumgewälzt und dazu die Stoff-

Der Bändelijud

Geschter hei mer über ds Verstumme gredt. Was dunkt'Ech: Git's nid o ds Gägeteil ir Schwyz – es ufmüpfigs Schwyge, wo nume no nid z Wort cho isch? I ha ne jüdische Fabrikant kennt, wo bhouptet het, är heig d Chraft nume gha, sy Betrib us em Nüüt usen ufzboue, wüll er als junge Bursch gschwige heig.
Sy Vatter isch jung gstorbe, un em 16järige Bueb isch nüüt angers übrig bblibe, als im Bärner Oberland ga z husiere. Mueterseelenelei isch er vo eim Dorf i ds angere zoge, mit syne Muschterggofere, un überall het er nume «der Bändelijud» gheisse. Was heisst da Antisemitismus? Si hei ne i kem Dorf brunnetröglet, 's het ne nie öpper d Stägen ab gheit. Was hei si de scho gwüsst, vo sym Gloube? Am Samschtig het er Sunntig gmacht, wou, aber si hei ne o am Mäntig nid i d Stuben yne gla – Bändelijud isch Bändelijud.
Nume het er äbe ddänkt. U gläse het er, ungerwägs. Er het geng e Band Schiller mit sech umetreit, im Chuttebuese. No als alte Maa het er d Ballade u d Dramen uswändig chönne rezitiere. Zwüsche de Dörfer isch er nämlech uf ene Stei ghöcklet u het e Syte, zwo gläse. Un im nächschte Dorf, scho derwyle ne d Ching hei in Empfang gno mit ihrem ewige: «Bändelijud, der Bändlijud chunnt», het er probiert, Zyle für Zyle vo dere Syten uswändig z dänke. E ganzi, hehri Schillerwält het er i sym Chopf desumegwälzt, u derzue d Stoffmuschter uf de Chuchitischen usbreitet. Der Marquis Posa het sy Freiheitskampf ustreit: «*Ich höre, Sire, wie klein, wie nichtig Sie von Menschenwürde denken»*, un är, är het d Bstellzeddlen usgfüllt derzue. Niemer het's gmerkt, we der Wilhälm Täll plötzlech ufgstangen isch – 's het ja

Bändelijud

muster auf den Küchentischen ausgebreitet. Der Marquis Posa hat seinen Freiheitskampf ausgetragen. *«Ich höre, Sire, wie klein, wie nichtig Sie von Menschenwürde denken»*, und er, er hat die Bestellzettel dazu ausgefüllt. Niemand hat bemerkt, wenn Tell plötzlich aufgestanden ist: Es gab ja keinen Hut zu grüßen – nur eine Etikette vom Hals zu reißen: Bändelijud. Dabei war er Schweizer Bürger, genau wie seine Kunden, die ihn alle nicht sahen: *«Wir sind ein Volk und einig wollen wir handeln.»* O ja, er hat schon gespürt, was solche Sätze bedeuten könnten.

Wissen Sie übrigens, was Tell sagt, wenn er Gessler auflauert in der Hohlen Gasse zwischen den Dörfern? *«Auf dieser Bank von Stein will ich mich setzen / Dem Wanderer zur kurzen Ruh bereitet / Denn hier ist keine Heimat / Jeder treibt sich an dem andern rasch und fremd vorüber / Und fraget nicht nach seinem Schmerz.»*

Unser Nationaldrama, unser unsterbliches. Es gibt immer wieder Menschen, die es zu spüren bekommen am eigenen Leib – auch wenn es jetzt seit Jahrzehnten eine Christlich-Jüdische Arbeitsgemeinschaft gibt. Dank diesem Burschen, von dem ich Ihnen erzählt habe: Er war einer ihrer Gründer.

Heute ist Sabbat für manche Schweizer Bürgerin und manchen Schweizer Bürger. Schalom.

niene ke Huet gä z grüesse; 's het numen en Etiggete vom Hals gä z schrysse: Bändelijud. Derby isch er e Schwyzer gsy, wi all syner Chunde, wo ne nie gseh hei: «*Wir sind ein Volk und einig wollen wir handeln.*» E ja, är het scho gspürt, was seregi Sätz chönnte heisse.

Wüsset'er übrigens, was der Täll seit, wen er ir Hohle Gass, zwüsche de Dörfer, em Gessler ufluuret? «*Auf dieser Bank von Stein will ich mich setzen/ Dem Wanderer zur kurzen Ruh bereitet// Denn hier ist keine Heimat/ Jeder treibt sich an dem andern rasch und fremd vorüber/ Und fraget nicht nach seinem Schmerz.*»

Üses Nationaldrama, üses unstärbleche. Es git geng wider serig, wo's z gspüren überchöme, am eigete Lyb – o we's jitz scho sider Jahrzähnten e Chrischtlech-Jüdischi Arbeitsgmeinschaft git. Dank däm Bursch, wo Nech verzellt ha von ihm: Er isch eine vo de Gründer gsy.

Hütt isch Sabbat, für mängi Schwyzere u mänge Schwyzer. Schalom.

Erstgix

Wann haben Sie zum ersten Mal geahnt, daß Sie es nie jemandem vollkommen recht machen können? Wann ist Ihnen der Verdacht aufgestiegen, daß Sie nie und nimmer die erste Geige spielen werden? Ich frage, weil heute im Kanton Bern Schulbeginn ist. Ich denke, wir verstehen uns. Ja, man hat allen Grund, in der Nacht vor dem ersten Schultag wachzuliegen. Auch Sie haben sich damals doch höchstens von einem Nickerchen übermannen lassen, um ja den ganzen Vorrat an gutem Willen und unerschütterlichem Glauben wachzuhalten – wie die Kleinen heute nacht in Bern. Und jetzt können sie ihr Butterbrot kaum hinunterwürgen vor lauter Aufregung. Auch uns ist damals der Bissen im Hals steckengeblieben. Und wie wir damals werden sich die Erstkläßler viel zu früh auf den Schulweg machen und der Mutter weit voraustraben, nur um dem Lehrer als erstes zu beweisen, daß sie nie und nimmer zu spät kommen werden.
Erinnern Sie sich noch an Ihren ahnungslosen Stolz, weil von diesem Tag an Schluß war mit dem Schimpf «Kindiknirps»? Und schon in der allerersten Schulpause ist ein eingebildeter Zweitkläßler aufgekreuzt und hat gehöhnt: «Erstgix, Erstgix.» Ich weiß nicht, wie Sie darauf reagiert haben. Ich zur Vorsicht überhaupt nicht. Aber vor lauter Kummer habe ich mein Klassenzimmer nicht mehr gefunden nach dem Läuten. Hin und her bin ich gerannt und stand zuletzt mutterseelenallein in dem gewaltigen Schulhauskorridor und sah das riesige Zifferblatt der Schulhausuhr. Der Sekundenzeiger rückte sozusagen überhaupt nicht vom Fleck – wie hätten da neun

Erschtgägeler

Wenn heit'er z ersch Mal kapiert, dass Dihr's nie öpperem hundert Prozänt rächt chöit mache? Wenn het Nech z ersch mal gschwaanet, dass Dihr nie amnen Ort di erschti Gyge wärdet spile? I frage, wüll im Kanton Bärn hütt Schuelaafang isch. Alls gseit? Alls gseit. Ja, me het scho Grund, ir Nacht vor em erschte Schueltag nid rächt chönnen yzschlafe. Dihr heit doch gwüss o nume so hurti chly gnucket, für ömu ja der ganz Vorrat a unerschütterlechem Gloube wach z bhalte – wi di Chlyne hütt z Nacht z Bärn. Jitz sy si grad dranne, ds Ankeschnitteli abezwörggen u 's rütscht so weni wi synerzyt bi üs, wo nis o jede Bys isch im Hals blybe stecke. U wi mir synerzyt, zottle d Erschtklässler deheim z früe los u traben em Mueti ersch no der halb Schuelwäg voruus, wüll si em Lehrer als erschts wei zeige, wi si de nie z spät chöme. Möget'er Nech no bsinne, a Öien ahnigslose Stolz, wüll Nech vo däm Tag aa nie meh öpper het chönne fürha, Dihr göngit id Gäggeliroblete? U de chunnt scho ir Nüünipouse so ne ybbildete Zwöiteler u möögget eim nache: «Erschtgägeler, Erschtgägeler.» I weiss nid, wi Dihr reagiert heit. I rein vorsichtshalber überhoupt nid. Aber vor lutter Chummer han i mys Klassezimmer nümme gfunge, nach em Lütte. I bi hin- u härgschosse i däm gwaltige Schuelhuuskorridor, u zletscht mueterseelenelei unger em Schuelhuuszyt gstange. I ha zum riisige Zifferblatt ufe gluegt, u der Sekundezeiger isch schier gar nid vom Fläck. Wi hätte de da nüün Schueljahr sölle verby ga? Briegge tuet geng guet. I ha derby ddänkt, vilicht wär ds Gschydschte, i würd's grad zuegä, «i blybe dumm» – de wär ömu Rue.

Schuljahre umgehen sollen? Heulen tut immer gut, und dabei habe ich gedacht: Das Gescheiteste wäre, gleich zuzugeben, «ich bleibe dumm» – dann wäre ein für allemal Ruh. Ist nicht etwas Wahres daran? All diese Irrwege, diese Anstrengungen, Fächerfluten und Examensnöte, um ganz zum Schluß zur gleichen Einsicht zu gelangen: «Wir bleiben dumm». Nur daß wir immer gebildeter absehen, was es alles zu wissen gäbe für uns, das wir nicht wissen. Darum rühren uns ja heute morgen all die gutgläubigen, eifrigen Kinder: haben noch den ganzen, weiten Weg vor sich. Das braucht solides Schuhwerk. Und geben Sie den Kleinen auch gleich den Tip: «Schuhe» schreibt man groß. Wissen Sie warum? Mein Sohn hat es in der ersten Klasse messerscharf bewiesen und deshalb als dumm gegolten: «Schuhe muß man groß schreiben, damit die Füße drin Platz haben.»

Het's nid öppis? All di Umwäge, di Aasträngige, di Fächerflueten u Prüefigsängscht, für ganz em Schluss zur glychen Ysicht z cho: «Mir blybe dumm.» Nume gseh mer geng bbildeter ab, was' alls z wüsse gäbt, wo mer nid wüsse. Drum rüeren is ja hütt am Morgen di yfrige, gutglöibige Ching eso: hei no der ganz, wyt Wäg vor sech. Es bruucht heblegi Schue – u säget nes doch grad: «Schuhe» schrybt me de gross. Wüsset'er warum? My Bueb het's eso gschyd usegfungen ir erschte Klass u isch derewäg dumm dagstande derwäge: «Schue mues me gross schrybe, wüll süsch d Füess nid Platz hei drin.»

Auch Sie haben wohl Ihre unverrückbaren politischen Ansichten? Schön, dann haben Sie wenigstens Ihren Frieden. Ich nicht. Ich bin eine Zweiflerin. Nehmen wir nur letzte Woche, da ist der Streit am Familientisch wieder ausgebrochen wegen der Atomkraftwerke. Zwei Fronten: Mein Mann lehnte den Ausstieg ab, aus wirtschaftlichen Überlegungen – die Jungen waren durchs Band weg dafür, nur wußten sie nicht wie sparen. Und ich, ich saß einmal mehr zwischen Stuhl und Bank.

Unbequem. Für die Familie auf alle Fälle: Immer spielt jemand das Spielchen nicht ganz mit. Gleich wäre das Haus bis zum Dachfirst verbarrikadiert gewesen mit soliden Ansichten – da kommt eine kleine Unsicherheit dahergestolpert... alles wieder offen. Manchmal hoffe ich sogar, dank meinen Zweifeln bleibe der Wahrheit ein Türchen offen.

Jedenfalls lasse ich mir von niemandem mehr mit Füßen auf der Unsicherheit herumtreten. Sie hat nämlich eine wunderbar menschliche Tradition: Kein Zweifel ist je einer Fahne nachgelaufen, er hat nie einen Menschen zum Führer ausgerufen; der Zweifel hat keine Hexen auf den Scheiterhaufen gebracht, er hat nicht zu Kinderkreuzzügen aufgerufen und nirgends in einem Blutbad geendet. All das haben nur die sicheren Überzeugungen fertiggebracht.

Warum stellt man es trotzdem so hin, als würde es sich für aufrechte Bürger nicht schicken zu zweifeln – höchstens für Wetterfahnen, die nicht Farbe zu bekennen wagten? Haben Sie sich schon einmal überlegt, ob Sie selber es aushalten würden, jahrelang unsicher zu bleiben?

Zwyfle wär nid ohni

Dihr heit dänk o Öier unverrückbare politischen Aasichte? E nu. De syt Dihr ömu am Schärme. I nid, i bi halt e Zwyflere. Näh mer nume letscht Wuche, da isch's bim Znacht wider losgange bi nis, wäge den Atomchraftwärk. Zwe Fronte: my Maa isch gägen Usstiig, u zwar us wirtschaftlechen Überlegige – di Junge sy dür ds Band wäg derfür, u hei ke Blasse, wie spare. Un ig, i hocke zwüsche Stuel u Bank.
Unbequem. Ömu für d Familie: immer spilt öpper ds Spili nid ganz mit. Grad wär ds Huus bis unger ds Dach verbarrikadiert gsy hinger soliden Aasichte – de chunnt so ne lächerlechi Usicherheit u schlycht sech derzwüsche... alls geit wider uuf. Mängisch hoffen i sogar, dank mym Zwyfle blyb der Wahrheit es Türli offe.
Uf all Fäll la mer vo niemerem uf der Usicherheit desumetrampe. Di het nämlech e wunderbar mönschlechi Tradition: Ke Zwyfu isch einisch are Fahne nacheglüffe u het öpper zu sym Füerer gmacht; der Zwyfu het kener Häxen uf e Schyterhuuffe bbracht, er het nie Chinderchrüzzüg veraastaltet u nie im ene Bluetbad gändet. Das alls hei nume di feschten Überzügige fertigbbracht.
Warum tuet me de glych geng, wi we's sech für sänkrächti Bürger nid würd schicke z zwyfle – nume für d Wätterfahne, wo nid wage Farb z bekenne? Heit'er Nech scho einisch überleit, ob Dihr sälber's chönntet ushalte, jahrelang usicher z blybe?
I möcht Nech numen es einzigs Byspil gä, für z bewyse, was für Abwehrmechanisme fö afa spile, we me d Angscht vor ere Schuld mues ushalte – sogar we ds Ganze füfzg Jahr zrüggligt: Wi isch das eigetlech

Ich möchte Ihnen ein einziges Beispiel geben, wie unsere Abwehrreflexe zu spielen anfangen, wenn wir die Angst vor Schuld aushalten müssen – sogar wenn sie fünfzig Jahre zurückliegt. Wie war das denn eigentlich im Zweiten Weltkrieg: Warum sind wir in der Schweiz verschont geblieben? Hat unsere Armee alles Ungemach ferngehalten von den Grenzen? Oder war es die zweigesichtige Diplomatie, die unser Land durchlaviert hat? Oder sind am Ende die Industrielieferungen an Nazideutschland unsere Rettung gewesen?

Wie schön wäre es, wenn die Wahrheit eine Art Fragespiel wäre mit «Ja» oder «Nein» als Antwort. Aber wir sitzen jetzt am Frühstückstisch und müssen uns auf einen steinigen Weg machen: den des Zweifels, ob wir wohl unsere Vergangenheit bewältigen müßten wie alle andern auch. Es macht uns nicht stolzer zu zweifeln, als Schweizer. Höchstens europafähiger. Oder?

gsy, im Zwöite Wältchrieg: Warum sy mer verschont bblibe, ir Schwyz? Het üsi Armee alls Ungmach vom Land ewägg gha? Oder isch's die zwöigsichtegi Diplomatie gsy, wo nis dür alls düre laviert het? Oder sy emänd d Industrieliferige a Nazidütschland üsi Rettig gsy?

Wär das schön, d Wahrheit wär numen es Fröglispil, u «Ja» oder «Nei» en Antwort. Aber mir sitzen am Zmorgetisch u müessen is uf ene grienige Wäg mache: dä vom Zwyfu, ob mer ächt üsi Vergangeheit nid müesste bewältige, wi alli angeren o. Är macht is nid stolzer als Schwyzer, dä Zwyfu. Aber vilicht Europafähiger.

Oder?

Das Trotzbett

Es gibt Anschaffungen, die sich wahrhaftig lohnen für jede Familie. Denken Sie nur an den Kühlschrank, in dem alles so schön frisch bleibt. Oder an den Staubsauger, der einfach alles schluckt. Welcher Ehepartner könnte dasselbe von sich behaupten? Also. Drum müßte jetzt auch noch ein Gastbett her. Wir wollen einander doch nichts vormachen: Die Ehe ist kein Kühlschrank, in dem die Liebe knackig bleibt, «bis daß der Tod euch» undsoweiter – schon eher ein Backofen, in dem die Nerven schmoren. Ein Onkel hat behauptet: «Heiraten oder nicht heiraten, man bereut es auf alle Fälle.»
Zuweilen genügt schon, daß eines schnarcht. Man liegt auf dem Rücken, ein Tiger in Gefangenschaft – möchte ausbrechen in den Dschungel. Oder hat man lebenslänglich, in diesem Gefängnis, und muß bis zum Jüngsten Tag Gitterstäbe zählen, die der Partner zersägt? Wenn man wenigstens das Licht anzünden könnte und lesen oder Musik hören; in Pantoffeln herumschlurfen und den Ehehimmel gründlich ummöblieren im eigenen Kopf.
Heutzutage kann man Kurse besuchen für kunstgerechtes Streiten. Aber wo lernt man Humor entwickeln? Im Gastbett. Sehen Sie, daß es sich lohnt, eins anzuschaffen? Man kann es für eine Nacht ruhig umtaufen in «Trotzbett»; auf alle Fälle kann man sich jetzt das Kissen unter den Arm klemmen und dislozieren. Das hat nichts mit einer schlechten Ehe zu tun, nur mit der menschlichen Natur: Verheiratet oder nicht verheiratet, man bereut es auf alle Fälle. Und wenn man dann so mausallein liegt und sich alles durch den Kopf gehen läßt, fällt einem zuweilen

Ds Töipelibett

Es git scho Aaschaffige, wo sech eifach lohne für jedi Familie. Dänket numen a Chüelschrank, wo alls früsch blybt drin. Oder a Stoubsuger, wo eifach alls schlückt. Welen Ehepartner chönnt ds Glyche bhoupte vo sich? Äbe. Drum müesst jitz no nes Gaschtbett häre. Mir wei enang doch nüüt vormache: D Eh isch nid e Chüelschrank, wo d Liebi drin knackfrüsch blybt, «bis dass der Tod euch» undsowyter – scho ender e Bachofe, wo d Närve drin schmürzele.
En Unggle het bhouptet: «Hürate oder nid hürate, röie tuet's eim geng.»
Mängisch längt's scho, wen eis schnarchlet. De ligt men uf em Rügge wi ne Tiger ir Gfangeschaft – me möcht usbräche i Dschungu. Oder het me läbeslänglech, i däm Gfängnis, u mues bis zum jüngschte Tag d Gitterstäb zelle, wo ds angere versaaget?
We me doch wenigschtens ds Liecht chönnt aadrääjen u chly läse, oder Musig losen un i de Finke desumeschlurfen u der Ehehimel ummöblieren im eigete Chopf.
Hütt cha me ga Kurse näh für kunschtgerächt lehre z krache zäme. Aber wo lehrt me, Humor z entwickle? Im Gaschtbett. Gseht'er jitz, wi sech das lohnt, eis aazschaffe. Me cha's ja für ne Nacht umtoufen i «Töipelibett», we's mues zwängt sy. Uf all Fäll cha me jitz ds Chüssi ungeren Arm chlemme u disloziere. Das het nüüt mit ere schlächten Eh z tüe, nume mit der mönschleche Natur: «Hürate oder nid hürate, röie tuet's eim geng.» U we me de so muuselei im Töipelibett ligt u sech alls düre Chopf lat la gah, chunnt me mängisch druuf, dass me doch nid ewig wett Solo gä. Eso langsam aber sicher dämmeret's eim, dass ds an-

Das Trotzbett

wieder ein, warum man doch kein Single bleiben möchte sein Leben lang. Und so ganz allmählich dämmert es im Gemüte – vielleicht hat es der andere ja auch nicht ganz einfach mit uns. Und so hat das Trotzbett noch einen zweiten Vorteil: Wenn nämlich beide die Wände hochgehen vor Wut, haben streng genommen auch beide das Recht drauf, drin zu schlafen. Humor, den man nirgends lernen kann, wäre vermutlich, wenn der Partner nach einem Stündchen mit seinem Kissen unter dem Arm angeschlurft käme. Vielleicht könnte er ja sagen: «So rutsch mal. Schließlich habe ich auch meinen Trotz.»

gere o nid nume ds grosse Los zoge het mit eim. Drum het de äbe ds Töipelibett no ne zwöite Vorteil: We nämli beidi d Wänd ufgöh vor Töibi, hei sträng gno o beidi ds Rächt druuf, drin z schlafe. Humor, wo me niene cha ga lehre, wär allwäg, we der Partner nach emne Stündli o mit sym Chüssi ungerem Arm derhärchämt. Vilicht chönnt er ja säge: «So, mach Platz. I bi dänk o am Töipele.»

Haltungsturnen

Jedem Erstkläßler kann's blühen, daß er vom Schularzt ins Haltungsturnen geschickt wird. War das ein Schlag für mich. Alle andern durften weitersingen – ich Unglücksrabe mußte in die Turnhalle. Dort traf ich lauter fremde Kinder, nur genau wie ich: laborierten an einem Buckel. Mit einem Bündel Zeitungen auf den Köpfen mußten wir uns in Zweierreihe aufstellen, uns bei den Händen fassen und zusammen Schritt für Schritt aufrecht gehen lernen. Es hat schon seine Vorteile, erwachsen zu sein. Die Männer allerdings sind keineswegs davor gefeit, wieder in dieselbe Situation zu geraten. Wenn sie die Erfolgsleiter hinaufklettern in der Firma, werden sie unversehens in die Kaderschulung geschickt. Ich habe in den Unterlagen eines «Psychologischen Management Instituts» geblättert: Eine der Übungen sieht vor, daß die Herren Direktoren, Vizedirektoren und Prokuristen sich zu Musik in Zweierkolonne aufstellen, sich bei der Hand fassen, sich einander zuwenden, und «macht hoch das Tor», sogar unten durchschlüpfen. Spüren Sie, um was es geht? In den Unterlagen heißt es «Abbau von Kontaktängsten». Ich frage mich, ob die Ehefrauen zu Hause eine Ahnung haben, wieviel Knochenarbeit geleistet wird in der Firma. Oder wird da eine andere Tragödie sichtbar? Daß sich Männer nämlich spontan gar nicht berühren können. Daß sie es nicht recht wagen, echte Freundschaften einzugehen.
Bitte, verstehen Sie mich nicht falsch: Ich weiß, daß Männer ausgesprochen viele Kontakte haben. Sie gehen ja zusammen in den Militärdienst, und sie lassen sogar ihre Kameraden aus der Kindergartenepo-

Buggeliturne

Als Erschteler cha's eim blüeje, dass me vom Schuelarzt i d Haltigsgymnastik spediert wird – mir hei zwar nume «Buggeliturne» gseit. Isch das e Schlag gsy für mi, we di angeren aube hei chönne wytersinge, un i Pächvogu ha i d Turnhallen abe müesse. Dert sy lutter frömdi Ching gsy – aber glych win ig: hei amene Buggeli umegmacht. Mit em ne Püntu Zytigen uf em Chopf hei mer is müessen i Zwöierreie ufstelle, is bir Hang näh u zäme lehre grad loufe. Scho gäbig, we men erwachsen isch.
Nume de Manne nützt's nüüt. Ömu, we si d Erfolgsleitere zdüruuf gheie, chöme si wider i d Buggeli-Lag. De wärde si vor Firma i d Kaderschuelig spediert. I ha i so Underlage bbletteret vom ne Psychologische Management Institut. Ei Üebig gseht vor, dass di Herre Diräktore, Vizediräktore u Prokuriste sech zu Musig i Zwöierreie stelle, enang bir Hang näh, sech zunang ddrääje, «macht hoch das Tor» u sogar ungerdüre schlüüffe. Gspüret Dihr, um was es geit? Es het's gheissen uf däm Institutspapyr: «Abbau von Kontaktängsten».
Hei ächt d Ehefrouen en Ahnig, was für Chnochenarbeit gleischtet wird, ir Firma? Oder chunnt da überhoupt e Tragödie zum Vorschyn? Dass sech d Manne nämlech spontan gar nid chöi aarüere; dass si's nid wage, ächti Fründschaften yzgah.
Verstöht mi jitze nid falsch. I weiss, dass d Manne sogar usgsproche vil Kontakte hei zäme, si göh ja mitenand i Militärdienscht – mir kenne di Müschterli alli. U d Manne hei sogar Kollege vom Chindergarte nache, wo si nie im Läbe liesse la gheie. Nume grad, was für üs Froue sälbverständlech isch, glingt ne nid:

Haltungsturnen

che nicht fallen. Nur was für uns Frauen selbstverständlich ist, gelingt ihnen nicht: Wir können einander nichts vormachen. Auch wenn wir uns nur flüchtig kennen, wissen wir unterschwellig voneinander, daß hinter jeder Fassade derselbe arme Tropf haust. Darum können wir voreinander ungeniert eine oder zwei Tränen vergießen, sogar über unsere Ehe, wir wissen ja, daß die andere deswegen nicht glaubt, eigentlich ließen wir uns am liebsten scheiden – sie steckt ja selber in einer Beziehung.
Männer können über Gott und die Welt diskutieren, nur über sich selber, über ihr Innerstes, sprechen sie nicht. Vielleicht brächte es ja das Eingeständnis von Allzumenschlichem mit sich. Könnten sie dann weiter mithalten, beim Wettrennen die Leiter hinauf?
Seit ich die Unterlagen des Management Instituts zum «Abbau von Kontaktängsten» gelesen habe, denke ich, wir Frauen müßten es wagen, die Männer als Patienten mit Haltungsschäden anzusehen: Derart geplagt, daß kein anderer Mann es sehen dürfte. Aber wir Frauen wissen es ohnehin, arme Tröpfe.

mir chöi enang nüüt vormache. O we mer is chuum kenne, wüsse mer vonang, dass hinger jeder Fassade geng ds glychen arme Tröpfli deheimen isch. Drum chöi mer is allwäg o schnäll e chly i ds Schylee gränne, sogar über d Eh – mir wüsse ja, dass di angeri deswäge nid meint, mir machi ar Scheidig ume – di steckt sälber inere Beziejig.
D Manne chöi über «Gott und die Welt» diskutiere, nume nid über sich sälber, über das ganz innefür. Vilicht chämt ds mönschlech Allzumönschleche a Tag. Chönnte si de no mithalte bim Wettrenne d Leitere zdüruuf?
Sider i d Underlage «zum Abbau von Kontaktängsten» ha gseh, dänken i, mir Froue sötte vil meh wage, d Mannen als Patiänte mit Haltigsschäden aazluege: derewäg plaget, dass es scho gar ke angere Maa dörfti wüsse. Aber mir Froue wüsse's ja sowiso: armi Tröpfli.

Mir reicht's

Was ist eigentlich eine glückliche Ehe?
Eine Mutter hat ihrer Bekannten erzählt, ihr Sohn habe Pech: Eine Emanze, diese Frau – liege am Morgen im Nest, und er müsse Kaffee kochen. Dafür habe die Tochter das große Los gezogen. Der Schwiegersohn trage sie auf Händen und bringe ihr das Frühstück ans Bett.
Sehen Sie: Alles eine Frage des Standpunkts. Sogar wenn ein Mann große Töne anschlägt, steht er plötzlich mit abgesägten Hosen da. Ich habe neben ihm gesessen. Ein Kronjurist und fünffacher Verwaltungsratspräsident hat das Glas erhoben auf seine Frau: Er wisse durchaus, daß er es nur soweit gebracht habe in der Welt, weil zu Hause immer jemand für ihn dagewesen sei. «Meine Liebe, ich möchte auf dich anstoßen – du bist meine ganze Infrastruktur.» Gerade wollte er sich hinabbeugen zum Kuß, da hat sie ihn mit zornrotem Kopf angezischt: «Du, du, du, du – mir reicht's bald.»
Ihr Mann hat die Welt nicht mehr verstanden. Vor allem, als ich vermitteln wollte, und flüsterte: «Herr Doktor, die Steinzeit ist vorbei.»
Da hat er sich gesetzt und gesagt: «Also wirklich. Ich hab's doch gut gemeint und wollte ihr ein Kränzchen winden. Übrigens ist es meine volle Überzeugung: Ohne sie wäre ich nichts.»
Ja, *das* habe ich nicht bezweifelt. Aber Sie glauben gar nicht, wie lange es dauerte, bis er begriff, daß es – je nach Standpunkt – eine Beleidigung ist, eine Frau als Infrastruktur ihres Mannes anzusehen. Das heißt ja in Klarschrift, daß sie selbst ein Nobody ist und ihr Leben erst durch den Mann einen Sinn bekommt,

Was isch eigetlech e glücklechi Eh?
E Mueter het ere Bekannte verzellt, ihre Suhn heig Päch gha. Eso ne Pflaatsch vo Frou heig dä verwütscht – blyb ligen im Näscht un är dörf ere de ds Ggaffee mache. Janu, derfür heig d Tochter ömu Glück gha. Der Schwigersuhn trag sen uf Händen u bring ere ds Zmorgen a ds Bett.
Gseht'er: es isch alls e Frag vom Standpunkt. Sogar, wen e Maa grossi Tön vo sech git, steit er plötzlech mit abgsaagete Hose da. I bi derby gsässe. E Chronjurischt u füffache Verwaltigsratspresidänt het sys Glas ufgha: Er wüssi de scho, dass er's nume so wyt bbracht heig uf der Wält, wüll deheime geng öpper für ne da syg gsy. «My liebi Frou, i möcht speziell uf di aastosse, du bisch mi ganzi Infrastruktur.»
Er het sech grad wöllen abebücke un ere nes Müntschi gä, wo si ne mit eme züntrote Chopf aagfuuchet het: «Du, du, du, du – mir längt's de öppe.»
Dä Maa het d Wält nümm verstande. Vor allem, won i ha wölle vermittle un ihm gchüschelet ha: «Herr Dokter, d Steizyt wär verby.»
Du isch er abgsässe u het gseit: «Also würklech. Jitz han i's mal guet wölle mache un eren es Chränzli winde – 's isch übrigens mi volli Überzügig: ohni seie wär i nüüt.»
Ja, *das* han i nid bezwyflet. Aber Dihr gloubet gar nid, wi lang's ggangen isch, bis är nümm dran zwyflet het, dass' – je nach Standpunkt – e Beleidigung isch für d Frou, we me sen als d Infrastruktur vom Maa aaluegt. Das heisst ja i Klarschrift, dass si sälber überhoupt niemer isch u ihres Läbe nume düre Maa e Sinn überchunnt: ihm d Steinli wäg z bäsele uf sym stot-

Mir reicht's

auf daß ihm jemand die Steinchen forträume auf seinem steilen Weg nach oben. «Die Ehe, ein Männertraum.» Jedenfalls bis zum Moment, wo die Frau zischt. «Du, du, du, du – mir reicht's bald.»
Ein junger Kollege hat mir kürzlich anvertraut, ihm stehe das Wasser bis zum Hals. Immer alle Aufgaben teilen mit seiner Frau... Ich hätte ja keine Ahnung, was für ein Streß das sei für eine Beziehung: Beide müßten ständig denken für zwei.
Doch, doch, mir schwant seit langem: Gerechtigkeit ist nicht praktisch. Schon eher wie die partnerschaftliche Ehe: problematisch. Aber wissen Sie, was ich glaube? Beim Jubilieren hat nicht der Mann das Glas zu heben auf die Frau oder umgekehrt. Zwei müssen aufstehen und sich zuprosten. Gottlob: Zum Küssen braucht sich keines hinabzubeugen.

zige Wäg zdüruuf. En ächte Männertroum, di Eh. Ömu, bis d Frou de fuuchet: «Du, du, du, du – mir längt's de öppe.»

E junge Kolleg het mer chürzlech aavertrout, är heig's mängisch bis a ds Halszäpfli ufe, mit där ewigen Ufgabe-Teilig mit syre Frou. I heig ja ke Ahnig, was für ne Stress das syg für ne Beziejig: Beidi müessi ständig für zwöi dänke.

Wowohl, i gloube das scho: Grächtigkeit isch nie öppis Gäbigs gsy. Ender, wi so ne partnerschaftlechi Eh: problematisch. Aber wüsset'er, was i ds Gfüel ha: Bim Jubiliere mües de nid nume der Maa ds Glas ufha uf d Frou. O nid umgchehrt. Es müesse grad zwöi ufstah u Proscht mache zäme. Gottlob: de mues sech o kes meh abebücke für ds Müntschi.

Wahrscheinlichkeitsrechnung

Eigentlich ist der Ruhm ungerecht. Schon wenn man am Fernsehen den Skizirkus nur ein Viertelstündchen verfolgt, wird einem klar: Wegen einer Hundertstelssekunde wird einer zum Superstar, und alle andern können's vergessen, in den Medien herumgeboten zu werden.

Ist die Angst gerechter? Oder kommen ganz ähnliche Sensationsmechanismen ins Spiel, und die Medien berichten nur über Superprobleme?

Wir regen uns alle über die Umweltbedrohungen auf, wir wissen genau, daß in Tschernobyl noch mit Zehntausenden von Spätopfern gerechnet werden muß.

Aber wer spricht davon, daß letztes Jahr auf unseren Straßen 952 Menschen ihr Leben verloren haben und daß 75 300 verletzt wurden? Sicher haben wir auch das irgendwo gelesen, aber kleiner gedruckt – wir wollen es ja verdrängen, bitte, wer will sich denn ausrechnen, wie viele Jahre es dauert, bis eine Million Schweizer verletzt worden sind. Diese Statistik müßten wir ja in Bezug setzen zu unserem Handeln; die greift nicht einfach ans Herz, sondern an unsere persönlichen Gewohnheiten. Ich nehme mich selber nicht aus. Ich weiß, warum ich lieber über Tschernobyl nachdenke als über unseren Straßenverkehr: Von den 3,4 Millionen zugelassenen Fahrzeugen in der Schweiz gehört eines mir selber; mein Mann und meine Kinder können Auto und Moped fahren. Gottlob ist noch nichts passiert. Aber es macht mir schon angst, daß ich es so formuliere – als würde ich einen uralten Aberglauben heraufbeschwören: Verschrei's nicht. Man braucht die Wahrscheinlichkeitsrech-

D Wahrschynlechkeitsrächnig

Der Ruem isch öppis Ugrächts. Me bruucht am Fernseh numen es Viertelstündli Schyzirkus z luege: Wäge re Hundertschtelssekunde isch eine plötzlech der Superhirsch, u alli angere chöi's vergässe, no i de Medie umebbotte z wärde.
Isch d Angscht grächter? Oder spile di glyche Sensationsmechanisme, u d Medie tüe o nume brichte über d Superproblem?
Mir regen is alli uuf über d Umwältproblem, mir wüsse gnau, dass z Tschernobyl no mit Zähtuusete vo Spätopfer mues grächnet wärde.
Aber wär redt dervo, dass ds letscht Jahr uf üsne eigete Strasse 952 Mönsche gstorbe u 75 300 verletzt worde sy? Mir hei das allwäg o gläse, irgendwo, aber chlyner ddruckt – mir wei's ja o verdränge. Oder wele wett jitz ga usrächne, wie mängs Jahr 's ächt geit, bis de e Million Schwyzer sy verletzt worde? Di Statistik müesste mer drum de i Bezug setze zu üsem eigete Handle, di gryfti nis de nid numen a ds Härz, di gryfti nis a di ganz persönleche Gwonheite. I nime mi sälber nid öppen uus. I weiss, warum i lieber über Tschernobyl nachedänke als über üse Strasseverchehr: Vo de 3,4 Millione zueglane Fahrzüüg ir Schwyz ghört drum eis mir sälber. My Maa u myner Ching chöi Outofahre. Töffli o. Gottlob isch no nie nüüt passiert. Aber 's macht mer scho Angscht, 's eso z formuliere – wi wen i en uralten Abergloube würd herufbeschwöre: verschrei's nid. Me bruucht d Wahrschynlechkeitsrächnig nid z bemüeje, me cha sech's a de Finger abzelle: E füfchöpfegi Familie bruucht es uverschämts Glück, für nes Läbe lang nie ir Unfallstatistik z erschyne. Da derfür chan i der Staat

nung nicht zu bemühen, man kann es sich an den Fingern abzählen. Eine fünfköpfige Familie braucht unverschämtes Glück, damit ein Leben lang keines in der Unfallstatistik erscheint. Dafür kann ich den Staat nicht haftbar machen, ich kann nicht einmal verlangen, daß eine Untersuchungskommission eingesetzt wird. Aber ich muß jeden Tag selbst entscheiden, ob ich es auf mich nehmen will, mich ans Steuer zu setzen.

Und wie halten Sie Ihre Verantwortung als Fahrer aus? Denken Sie gar nicht darüber nach und fahren einfach, weil Sie einfach fahren? Es heißt, Unbesorgte seien sichere Fahrer. Gut. Wenn sie bloß nicht von persönlicher Freiheit reden und den Druck aufs Gaspedal meinen, die Unbesorgten. Mir kommt es nämlich vor, als würden wir nicht nur unsere Unfallstatistik verdrängen, sondern auch die Angehörigen verhöhnen, die ihr Liebstes verloren haben bei einem Verkehrsunfall...

Denken Sie daran, wenn Sie sich jetzt ans Steuer setzen?

nid verantwortlech mache; i cha nid emal verlange, dass en Undersuechigskommission ygsetzt wird. Aber i mues jede Tag sälber entscheide, ob i wott a ds Stüür sitze.

U Dihr? Haltet Dihr Öiji Verantwortig als Fahrer guet uus, oder dänket Dihr gar nie drüber nache u fahret eifach – wüll Dihr eifach fahret?

Me seit, di Unbesorgte fahri am sicherschte. Guet. We si nume nid vo persönlecher Freiheit fö afa rede, we si der Druck uf ds Gaspedal meine. Di Unbesorgte. Mi dünkt's nämlech, mir verdrängi nid nume d Unfallstatistik – mir verhöhni o alli Aaghörige, wo ihres Liebschte verlore hei, wäg emne Verchehrsunfall.

Dänket Dihr draa, we Dihr jitz a ds Stüür sitzet?

I-de-al

Zum Wocheneinstieg sollte ich wohl nicht gleich von der Rezession reden. Sie haben einen Aufmöbler nötig, um sich so recht von Herzen hinter die Arbeit zu klemmen. Ich wüßte schon eine Geschichte, eine rundum positive, von einem Werbeberater.

Wow, hat er geseufzt, sei das vielleicht eine Durststrecke gewesen mit seiner Frau. Nicht dem ärgsten Feind würde er ihre Depressionen wünschen. Aber bref: überstanden. Sie habe nämlich einen Traumjob gefunden – er gönne ihr das Glück: Auch eine Frau brauche Ablenkung oder einen Freiraum im Leben. Ihn machten höchstens die Emanzen wild mit ihrem ewigen Selbstverwirklichungsgeschwafel. Er könne, weiß Gott, auch nicht den ganzen Tag nur machen, was er wolle. Habe er deswegen je behauptet, die Midlife-crisis seiner Frau sei eine Modesache? Aber bref: Jetzt helfe sie zwei Nachmittage pro Woche aus in einem Secondhandshop. Abendkleider oder so was. Purer Zufall, daß sie die Besitzerin getroffen habe. Auf der Straße. Ehemalige Studienkollegin oder so was. Bref: i-de-al. Die Kinder kämen nicht zu kurz, er brauche mittags nicht auswärts zu essen, und seine Frau habe trotzdem ihr eigenes Leben.

Ist das vielleicht keine positive Geschichte? Männiglich rundum zufrieden.

Allerdings: Die Frau, die im Secondhandshop aushilft, hat ursprünglich in Germanistik abgeschlossen, Psychologie im Nebenfach. Zum Lic. phil. hat sie's gebracht und dann geheiratet. Aber selbst wenn sie praktische Berufserfahrung mitbrächte: Gymnasiallehrer gibt's im Moment mehr als genug. Psychologen auch. Und wozu befähigt, strenggenommen, ein

I-de-al

Eso für d Wuchen aazfa sött i dänk nid grad vo der Rezession rede. Dihr bruuchtet ender en Ufsteller, für nachhär so rächt möge dryzlige. I wüsst scho nes Gschichtli, so nes positivs, vo mene Wärbeberater. Är het pyschtet: Wow, syg das vilicht e Durschtstrecki gsy, mit syr Frou. Nid em ergschte Find würd er jitz deren ihri Depressione wünsche. Aber bref: überstande. Si heig nämlech es Troum-Jöbbli gfunge – är möge ere's gönne: O ne Frou bruuch en Ablänkig im Läbe, oder e Freiruum. Ihn bringi höchschtens d Emanzen uf Tuure, mit ihrem ewige Sälbschtverwürklichungsgschwafu. Är chönn weiss Gott o nid der ganz Tag nume mache, was er wöll. Heig er deswägen einisch bhouptet, d midlife-crisis vo syr Frou syg nüüt als e Modegäg? Aber bref: Jitz hälf si uus, zwe Namittagen ir Wuche, so imne Secondhand-Shop. Aabechleider oder so öppis. Pure Zuefall, heig si d Bsitzere troffe. Uf der Strass. E Studiekollegin oder so öppis. Bref: I-de-al. D Gofe chömi nid z churz, är bruuch nid uswärts z ässe, u d Frou heig glych ihres eigete Läbe. Isch das öppe ke positivi Story? Zringelum all zäme zfride.

Allerdings: Di Frou, wo im Secondhand-Shop ushilft, het ursprünglech Germanistik studiert u Psychologie im Näbefach. Bis zum lic.phil. het si's bbracht u du ghürate. Aber sogar, we si no praktischi Erfahrig mitbrächt: Gymnasiallehrer het's im Momänt vil z vil. Psychologen o; u zu was befähiget, sträng gno, es Lizenziat? Zletscht emänd mues men a all di Manne dänke, ir Rezession – di bringe di glychi Usbildig mit wi d Froue u müessen e Familie dürebringe. Also. Höre mer doch uuf rämple.

Lizentiat? Schließlich muß man an all die Männer denken in der Rezession: Sie haben die gleiche Ausbildung wie die Frauen und müssen eine Familie durchbringen. Also. Hören wir auf zu mäkeln.
Aber wissen Sie, was die Geschichte für mich tatsächlich positiv macht? Daß die Mutter eine Art Pionierin ist. Wir sind nicht dümmer als andere. Wir sind die Avantgarde, wirtschaftlich gesehen: Uns passiert schon längst, was die andern erst morgen treffen wird. Unsere Söhne werden sich, laut Wirtschaftsprognosen, in zwanzig Jahren auch nicht mehr auf ihre Studien berufen können und auch keine Lebensstelle mehr finden, ein für allemal. Vielleicht werden die Söhne die Secondhandbiographie ihrer Mütter sehr viel ernster nehmen als die Ehemänner heute. Sie wird ihnen nämlich beweisen, daß es machbar ist: Sich immer wieder neu anzupassen im Berufsleben, und die Brüche in der eigenen Existenz zu überstehen. Bref.

Aber wüsset'er, was di Gschicht für mi tatsächlech positiv macht? Di Mueter isch en Art Pionierin. Mir sy nämlech nid dümmer als angeri.
Mir sy d Avantgarde, wirtschaftlech gseh: Üs passiert scho lengschte, was di anderen ersch morn preicht. Üser Buebe, zum Byspil, chöi sech lut Wirtschaftsprognosen i zwänzg Jahr o nümm uf ihrer Studie berüefen u eifach e Läbesstell aaträtte. Vilicht näh de d Sühn so Secondhand-Biografie vo ihrne Müetere vil ärnschter, als d Manne hütt. Die bewyse ne de nämlech, dass es geit: Sech immer wider nöi aazpassen im Bruefsläbe, u d Brüch ir eigeten Exischtänz z überstah. Bref.

Familienfilme

Ich nehme an, Sie filmen. Rein familienhalber, zumindest, um später schöne Erinnerungen zu haben. Unsere Freunde filmen durchs Band weg. Wir nicht: Ich würde es nämlich nicht aushalten, einen Film meiner kleinen Kinder zu sehen, die längst groß geworden sind. Es käme mir vor, als risse ich ihnen die Zeit vom Gesicht, oder als schälte ich eine Zwiebel, Schicht um Schicht, um zu beweisen, daß die innerste die einzig wahre ist. Auch eine Schicht, ja.
Da fällt mir ein: Das wäre gar keine schlechte Erklärung, warum man ständig dicker wird. Auch Sie haben doch Ihre paar Pfündchen zugesetzt im Laufe der letzten zehn, zwanzig Jahre? Da haben Sie's, man mußte die abgelebten Personen in sich zudecken mit immer neuen Schichten. Eine Zwiebel. Nein, halt: Eine russische Puppe wird man, eine Babuschka, die man auseinandernehmen kann: Zuinnerst schläft der Säugling, der man einmal gewesen ist, und zuäußerst schnauft die Frau, die schon bessere Zeiten gesehen hat.
Ich kann mich an meinen Schreck erinnern, als man mir als Kind sagte, ich sei der Nonna aus dem Gesicht geschnitten. Hatte sie wegen mir sterben müssen? Ich wagte kaum, im Badezimmer Licht anzudrehen und in den Spiegel zu schauen: Was alles gehörte der Nonna? Ich hatte sie nie gekannt. Aber mich habe ich gesehen. Und jetzt, wie sollten wir teilen?
Als junge Mutter bin ich mit meinen drei Kindern in den Bus eingestiegen, und sofort ist eine Frau aufgestanden und hat sich neben uns gesetzt. Sie hat mit dem Kleinsten «gilegile» gespielt und sich sogleich entschuldigt: Sie selber könne es auch nicht ausste-

D Familiefilme

Dihr tüet dänk o filme, i meine rein so ir Familie, für speter schöni Erinnerige z ha. Üser Fründe filmen ömu dür ds Band ewägg. Nume mir nid: I halte's kurligerwys nid uus, e Film aazluege vo myne chlyne Ching, wüll si lengschte gross sy. Es chämt mer vor, wi we ne d Zyt wett vom Gsicht rysse. Vilicht, wi re Zibele: Ei Schicht um di angeri, für z bewyse, dass nume z innerscht di richtegi isch. O ne Schicht, ja.
Jitz fallt mer grad y: Das wär no ne gueti Erklärig, warum me geng wi dicker wird, im Alter. Dihr heit doch gwüss o zuegno i de letschte zäh, zwänzg Jahr? Gseht'er, me het halt die abgläbte Persone i sech inn geng wider müesse zuedecke mit ere nöie Schicht. E Zibele.
Nei, halt: es russisches Bäbi, so ne Babuschka wird me de, wo me cha usenangernäh: Z innerscht schlaft der Söigling, wo men einisch isch gsy, u z üsserscht schnuufet di Frou, wo scho besseri Zyte het gseh.
I ma mi no bsinne, win i als Ching erchlüpft bi, wo me het gseit, i syg der Nonna usem Gsicht gschnitte. Het si wäge mir müesse stärbe? I ha ds Liecht im Badzimmer fasch nid dörfen aadrääje, für i Spiegu ga z luege: Was het der Nonna alls ghört? I ha se gar nie kennt. Aber mi, mi han i gseh. U jitze, wi hei mer sölle teile? Als jungi Mueter bin i mit myne drüne Ching i ne Bus ygstige, u sofort het e Frou ufgha un isch näben is cho höckle. Si het gyligyli gmacht mit em Chlynschte u sech entschuldiget: Si heig's nämlech sälber uf der Latte, we sech frömdi Frouen aabideri mit Söiglinge. Es syg nume, dass mys Bébé eifach so ihrem Suhn glychi – wi nes Beiji. No d Handeli syge di glyche, eh, so nes Schätzeli. U jitz müesst ne gseh, dä Strubuuss.

hen, wenn fremde Frauen sich mit Säuglingen anbiederten. Es sei bloß ... Mein Baby gleiche ihrem Sohn. Wie ein Ei. Sogar die Händchen, haargenau. Ach, was für ein kleiner Schatz. Ich müßte ihn jetzt sehen. Haare bis auf die Achseln ... Vom Rest wolle sie gar nicht erst anfangen. Hauptsache, ich genieße die Zeit, sie sei schnell vorbei.
Heute spreche ich mit meinem Sohn und habe plötzlich den Eindruck, mein Vater schaue mich an. Und wen alles ich heraushöre: einen ganzen Chor. Geht es Ihnen anders mit Ihren Kindern? Den Erstkläßler hört man, der gerne prahlt; und einen, der trotzt und patzig Auskunft gibt; und das Baby jauchzt, und jemand bleibt still, oder ist er leise am Weinen? Ich unterhalte mich einfach mit einem jungen Mann. Und umgekehrt? Er könnte vermutlich auch nicht beweisen, wie viele er atmen hört in der Babuschka. Und wenn er mich filmen würde, sähe man nur die Nonna. Lohnt das? Ich sehe die fremde, alte Frau ja im Spiegel, sooft ich hineinschaue.

D Haar bis uf d Achslen abe ... Vom Räschte wöll si gar nid aafa. I söll's ömu gniesse, 's syg de schnäll verby.

Jitz reden i mängisch mit mym Suhn u ha plötzli ds Gfüel, mi Vatter lueg mi a. U wän i de ersch alls useghöre: e ganze Chor. Geit's Öich angers, mit Öine Ching? Der Erschteler ghört men use, wo geng plagiert; u einen im Jäs, wo chuum halbbatzig Bscheid git; u ds Bébé juchzget, u öpper blybt ganz still, oder isch er emänd lysli am Briegge? I reden eifach mit emne junge Maa. Un är chönnt allwäg o nid bewyse, wän er alls ghört schnuufe, ir Babuschka inn. U wen er mi würd filme, gsiech me nume d Nonna. Lohnt sech das? Di frömdi, alti Frou gsehn i ja scho geng, wen i i Spiegu luege.

Denkmalwechsel

Meine Mutter ist vor fast zwanzig Jahren gestorben. Und trotzdem erzieht sie mich noch immer. Natürlich ist sie mir seinerzeit «retro» vorgekommen, als Frau. Meine Güte, das bißchen Emanzipation. Mutter hat zwar in irgendeiner Kommission mitgewirkt, aber gelebt hat sie für Vater.
Danke für Ihre Nachfrage: Heute seh ich es weniger simpel. Eine Frau muß nicht unbedingt außer Haus arbeiten, um emanzipiert zu sein. Sie muß nur selbständig denken. Und gerade das hat meine Mutter beherrscht. Früher und radikaler als ich. Ich sehe noch, wie sie ihre Küchenschürze gegen den Fernsehkasten schleuderte: Der Bundeskanzler und der französische Staatspräsident legten gerade einen Kranz nieder am Grab des Unbekannten Soldaten. «Wechselt endlich einmal die Platte», hat sie gerufen. Und daß wir nicht dahocken und gaffen sollten: Der Hut werde vor dem Falschen gezogen. Aber sicher, so werde der blinde Gehorsam am Leben gehalten.
Vielleicht hätte man nach dem Zweiten Weltkrieg tatsächlich die Denkmäler auswechseln sollen. Was meinen Sie: Hätte man den Frauen eines setzen müssen? Ein Denkmal für die unbekannten Mütter, die es fertiggebracht haben, daß es in Nazideutschland Soldaten gab, die nicht gehorcht haben? Sie haben zu Hause selber denken gelernt und mit ihrem Leben dafür bezahlt.
Haben Sie nicht gewußt, daß es in der Wehrmacht solche Helden gegeben hat? Es waren deutsche Offiziere, Unteroffiziere und gemeine Soldaten, und sie wurden alle wegen Insubordination hingerichtet: 29 700 Mann. Aber wenn vom deutschen Wider-

Dänkmalwächsel

My Mueter isch vor fasch zwänzg Jahr gstorbe. U glych erziet si mi geng wider. Synerzyt isch si mer natürlech «retro» vorcho, als Frou. Jere, di Emanzipation. Si het zwar scho i irgend ere Kommission mitgmischlet, aber gläbt het si für e Vatter. Danke, für d Nachfrag: hütt gsehn i's o weniger simpel. E Frou mues nid unbedingt usser Huus ga schaffe, für emanzipiert z sy. Si sött numen eigeständig dänke. U grad das het äbe my Mueter chönne. Früecher u radikaler als ig. I gseh se no vor mer, wi si der Chuchischurz gäge Fernsehchaschte pängglet: Der Bundeskanzler u der französisch Staatspresidänt hei zäme grad e Chranz uf ds «Grabmal des Unbekannten Soldaten» gleit. «So wächslet doch einisch d Platte», het d Mueter grüeft. U mir sölle nid dahokken u zuegöje: der Huet wärd scho wider vor em Faltsche zoge. Klar, so blyb der blind Ghorsam ewig am Läbe.

Vilicht hät me nach em Zwöite Wältchrieg würklech sölle d Dänkmäler wächsle. Was meinet'er: hätt's nid eis bbruucht für d Froue? Es Dänkmal für di «Unbekannten Mütter», wo's fertigbbracht hei, dass z Nazidütschland e Zylete Soldate nid pariert hei? Die hei deheime halt sälber glehrt dänke u mit em Läbe zalt derfür.

Heit'er gar nid gwüsst, dass es seregi Helde ggä het, ir Wehrmacht? Es sy dütschi Offizier, Underoffizier u gmeini Soldate gsy – 29 700 Maa – si sy alli wägen Insubordination higrichtet worde. Aber me redt glych geng vom 20. Juli 1944, we me vom dütsche Widerstand redt. Derby isch ds Attentat uf e Hitler no abverheit. Aber schlimmer isch, was my Mueter

stand die Rede ist, so meint man eigentlich nur den 20. Juli 1944; dabei ist das Attentat auf Hitler auch noch mißlungen. Schlimmer ist – meine Mutter hat es früh gespürt –, daß alles beim alten geblieben ist in Sachen Heldenverehrung.
Bis heute? Oder haben wir uns endlich emanzipiert in unserem Denken? Glaubt jetzt keiner mehr, ein Politiker dürfte seine Blumen nicht niederlegen vor dem Ungehorsam und vor den Dienstverweigerern? Eine rhetorische Frage. Auch heute noch ehrt jedes Staatsoberhaupt nur jene Toten, die blinden Gehorsam geleistet haben. Keiner hat jenen 29 700 Männern, die der Menschlichkeit gehorchten, ein Denkmal gesetzt. Sie wären die Hoffnung gewesen.
Begreifen Sie, warum meine Mutter damals ihre Schürze gegen den Fernsehkasten geschleudert hat? Und was tun wir?

eso früe gspürt het: dass alls bim alte bbliben isch ir Wält, i Sache Heldeverehrig.
Bis hütt? Oder hei mer is äntlech emanzipiert, im Dänke? Git's niemer meh, wo gloubt, e Politiker dörft syner Blüemli nid der Insubordination u de Dienschtverweigerer härelege?
E'sch e rhetorischi Frag, klar, o hütt ehrt no jedes Staatsoberhoupt nume die Tote, wo blinde Ghorsam gleischtet hei. Niemer het dene 29 700 Maa es Dänkmal gsetzt. Di wäre numen e Hoffnig gsy.
Begryfet'er jitze, warum d Mueter ihre Schurz i Fernsehchaschte pängglet het?
U mir, was mache de mir?

Bohnen sterilisieren

Haben Sie eine gesunde Portion Selbstgefühl? Oder wissen Sie vor allem, was Ihnen fehlt? Zum Beispiel eine Intelligenz, die alle Kiefer herunterklappen läßt, wenn Sie den Mund aufmachen? Oder leiden Sie, wenn Sie in den Spiegel schauen: Fassadenmängel. Aber wissen Sie, was das Schlimmste ist: Wenn man irgendwo eingeladen ist und schon zum voraus weiß, wie sehr man die andern langweilen wird.
Gestern habe ich von meiner Mutter erzählt, die das Wort «Emanzipation» nicht gekannt hat, aber mit ihrem ganz gewöhnlichen Hausfrauenverstand weitergekommen ist als die meisten Männer. Sie ist sich auch einmal als Langweilerin vorgekommen bei einer Einladung, meine Mutter. Es hat sie neben einen Professor verschlagen als Tischdame. Er hat sich vorgestellt als Astronom. Und meine Mutter mußte gleich wieder aufstehen und Vater ins Ohr flüstern: Ob die Astronomen Horoskope erstellten oder... Aha. Sternforscher. Was hätte sie da zu bieten gehabt für ein Tischgespräch?
Offenbar hat der Astronom dann vor allem Brotkügelchen gedreht, an ihrer Seite, und Mutter hat schüchtern gelächelt vor lauter Ehrfurcht. Aber plötzlich hat sie überlegt: Nun ja, daß es doch eigentlich für sie genauso schlimm sei wie für ihn: stinklangweilig nämlich, auch er biete ihr ja nicht die Bohne. Und weil sie schon einmal bei den Bohnen war: Wüßte dieser Astronom zum Beispiel, wie man Bohnen sterilisiert? Könnte er diese tiefgrüne Farbe hinkriegen? Nein? Da wäre sie ihm also haushoch überlegen. Sie hatte schließlich herausgefunden, daß man beim Abkühlen eine Wolldecke um die Gläser schlingen mußte.

Heit Dihr e Huuffe Sälbschtgfüel? Oder wüsset'er vor allem, was Nech fählt? Jä, zum Byspil en Intelligänz, wo's grad allne hingere strählt, we Dihr ds Muu uftüet. Oder fählt's Nech scho ussefür, we Dihr i Spiegu lueget: Fassademängu. Wüsst'er de, was ds Schlimmschten isch: We me amnen Ort ygladen isch u scho zum voruus weiss, wi men alli nume cha längwyle.

I ha geschter vo myr Mueter verzellt, wo ds Wort «Emanzipation» nid het kennt, aber eigetlech mit ihrem ganz gwönleche Husfroueverstand
vil wyter isch cho, als di meischte Manne.

Si isch sech o einisch als Längwylere vorcho biren Yladig, d Mueter. Es het se näben e Profässer verschlage, als Tischdame. Er het sech vorgstellt als Astronom, u d Mueter het grad wider müessen ufha, für em Vatter ga i ds Ohr z chüschele, ob das jitz nöime die syge, wo Horoskop erstelli, oder ... Aha, Stärnforscher. Was hätt si da z biete gha, imene Tischgspräch.

U würklech: dä Astronom het vor allem Brotchrügeli ddrääjt, näb ere. D Mueter het schüüch glächlet, vor luter Ehrfurcht. Aber du het si du doch aafa überlege: wi das für seien eigetlech genau ds Glyche syg wi für ihn: stinklängwylig; är biet ere ja o ke Bohne. U we me de scho bi de Bohne syg: Wüsst jitz dä Astronom zum Byspil, wi me Bohne sterilisiert? Brächt dä das tiefgrüene Färbli o häre? Ja oder nei? Da wär si nihm eidüttig überläge, wüll si usegfunde het, dass me zum Abchüele geng es Wulledecheli mues drumlyre.

Du het d Mueter afen einisch der Chopf ufgha u dä Maa richtig aagluegt: ganz gwönlech het er usgseh.

Bohnen sterilisieren

An diesem Punkt hat Mutter den Kopf gehoben und sich den Mann einmal richtig angeschaut: Ganz gewöhnlich hat er ausgesehen. Sie hat sich gefragt, ob es am Ende mit dem Rest auch nicht viel anders sei. Dann hätte er mit seiner Wissenschaft ja dieselben Probleme wie sie mit dem Haushalt. Mutter hat ihn zur Sicherheit gefragt: Ob ihm die Sterne auch manchmal zum Halse heraushingen wie ihr das ewige Geplansche am Schüttstein?

Ja, Sie ahnen schon, was Mutter mir später erzählt hat: Es sei ein wunderbar anregender Abend geworden. Und derart lustig hätten sie es miteinander gehabt.

Aber ich weiß nicht, ob Ihnen der heiße Tip überhaupt nützt. Wissen Sie denn, wie man Bohnen sterilisiert?

Bohne sterilisiere

Si het sech gfragt, ob's emänd mit em Räschte o nid vil angers syg. De hätt dä Maa mit syr Wüsseschaft öppe di glyche Problem wi si mit der Hushaltig. D Mueter het ne zur Sicherheit gfragt: Ob ihm d Stärne mängisch o zum Hals ushangi, wi ihre das ewige Platschen im Schüttstei?

Ja, Dihr gspüret's, was mer d Mueter verzellt het: Es syg du ne wunderbar aaregenden Aabe worde. U derewäg luschtig heige si's zäme gha.

Aber i weiss jitz nid, ob Nech dä heiss Tip überhoupt öppis nützt. Wüsset'er de, wi me Bohne sterilisiert?

Onkel Kari

Mit den Verwandten ist es immer so eine Sache. Mark Twain hat behauptet, es käme ihm vor wie mit einem Zug: Immer die Falschen streckten am Bahnhof den Kopf aus dem Fenster und winkten uns zu. Ich hatte nur einen Onkel, der nicht zu unseren Möbeln zu Hause gepaßt hat. Sobald er sich setzte, haben sie geächzt. Dann hat er geflucht wie ein Rohrspatz, und Mutter mußte wieder sagen: «Soso, Kari, bedien dich lieber und iß dich satt.» Ich habe genau gespürt, was sie meinte. Einmal bin ich Kari auf den Schoß geklettert und habe ihm zugeflüstert, ich müßte geradewegs ins Bett, wenn ich reden würde wie er. Da hat er noch lauter geflucht: Sogar Vater hat sich geräuspert und mit der Zeitung geraschelt.
Kari war Tramführer. Als er pensioniert wurde, hat er mir seine Dienstmütze vermacht. Ich habe die ganze Bubenschar vom Kindergarten nach Hause geschleppt, um die echten Schweißspuren in der echten Tramführermütze vorzuführen. Und wer mich heiraten wollte, durfte sich die Mütze ein bißchen aufsetzen.
Als ich größer wurde, fiel mir auf, daß Kari der einzige in der Verwandtschaft war, der nie einen Wintermantel trug. Er hustete sich ohne durch den Winter, und Mutter mußte Fraktur mit ihm reden, damit er wenigstens Hustensirup kaufte, statt das ganze Geld zu ... Ja, hat er es überhaupt vertrunken? Nach Wein gerochen hat er nämlich nicht. Eher nach Tabak, oder ... Ach, irgendwie unausgelüftet.
Plötzlich ist ein Anruf gekommen von der Zimmervermieterin: Kari liege im Sterben.
Es ist das einzige Mal gewesen, daß ich meinen Vater

Der Unggle Kari

Es isch geng so chly ne Sach mit de Verwandte. Der Mark Twain het einisch bhouptet, 's mahni ne a ne Zug: Immer di Faltsche strecken am Bahnhof der Chopf zum Fänschter uus u tüegen eim winke.
I ha numen ei Unggle gha, wo nid passt het zu üsne Möbu deheim. Scho, wen er abgsässen isch, het's gchrooset, u de het er gfluechet wi ne Rohrspatz, u d Mueter het gseit: «Soso, Kari – nimm lieber usen u iss bis gnue.» I ha scho gspürt, was si gmeint het. Einisch bin i em Kari uf e Schoss gchlätteret u han ihm gchüschelet, i müesst grad i ds Bett, wen i wurd rede win är. Du het er no vil lütter gfluechet; sogar der Vatter het sech gröischperet u d Zytig umegschränzt.
Wo der Kari isch pensioniert worden als Trämeler, het er mer sy Dienschtchappe vermacht. I ha di ganzi Buebeschar vom Chindergarte mit hei gschleipft, für di ächte Schweisssspuren im ächte Trämelerhuet allne z spienzle. Die, wo versproche hei, si tüege mi hürate, hei der Chäppu hurti chly dörfen aalege.
Won i bi grösser worde, isch mer ufgfalle, dass der Kari der einzig ir ganze Verwandtschaft isch gsy, wo ke Wintermantu treit het. Er het sech ohni düreghueschtet, u d Mueter het geng wider z bodegstellt, är söll doch wenigschtens Hueschtesirup choufe, statt ds Gäld alls ... Jä, het er's ächt überhoupt vertrunke? Grad nach Wy gschmöckt het er nämlech nid. Ender nach Tubak, oder nach ... Ach, eifach uglüftet.
Plötzlech isch es Telefon cho vor Zimmervermietere: Der Kari syg am Stärbe.
Das isch ds einzige Mal gsy, won i my Vatter ha gseh briegge. Er het sech über ds Bett bböigt, für em Kari es Müntschi z gä un ihm no einisch z danke.

weinen sah. Er hat sich übers Bett gebeugt, um Kari noch einmal zu danken und ihm einen Kuß zu geben. An diesem Tag haben sie mir erzählt, daß der Onkel jahrelang bezahlt hatte, auch für die Ausbildung meines Vaters, weil Großmutter ja nicht verheiratet war.
Nach der Beerdigung hat man in Karis Schrank sieben Fischerruten gefunden und fünf Bücher über Napoleon. Sonst eigentlich nichts. Doch – im Pult lag ein Zettel von Kari: Man solle der Zimmervermieterin nicht etwa noch ein Geschenk machen. Er habe ihr im Laufe der Jahre dreitausend Franken geliehen und sie nie zurückbekommen.
Im Pult waren Hunderte von Quittungen gestapelt. Kari hat Monat für Monat gespendet: für die Winterhilfe, für die Pro Juventute, für die Krebsforschung... «Das waren ja Unsummen», hat Mutter gesagt. «Und für einen Wintermantel hat's bis zuletzt nicht gereicht.»
Sind am Ende *wir* die blinden Passagiere gewesen, die den Kopf zum Zugfenster hinaussstreckten und Kari zuwinkten, ohne daß er sich je mit uns hätte brüsten können?

Der Unggle Kari

Am glyche Tag hei si mer verzellt, wi dä Unggle jahrelang zalt heig, sogar für d Usbildig vo mym Vater. D Grossmueter isch drum nid ghürate gsy.
Nach der Beärdigung het men i Karis Schrank sibe Fischruete gfunde u füf Büecher übere Napoleon. Süsch eigetlech nüüt. Wohl – im Pult isch e Zedu obenuuf gläge, mit Karis Handschrift: Me söll de der Zimmervermietere nid öppe no nes Gschänk mache. Er heig ere nadinaa drütuuset Franken etlehnt u nüüt zruggübercho.
Süsch het's lutter Quittige gha im Pult, z hundertewys. Der Kari het all Monet gspändet: für d Winterhilf, für d Pro Juventute, für d Chräbsforschig ...
D Mueter het gseit: «We men eso dänkt. Das sy ja Usumme gsy. U für ne Wintermantu het's bis z letscht nid glängt.»
Sy emänd *mir* di blinde Passagier gsy, wo der Chopf geng hei zum Zugfänschter use gstreckt un em Kari gwunke, ohni dass er sech einisch hätt chönne meine mit is?

Die Suppe salzen

Es heißt doch immer: «Besser, wenn die Frau den Mann überlebt – sie kann ihre Suppe salzen.»
Ich habe eine Bekannte, die vor drei Jahren Witwe geworden ist, und weil die AHV-Rente nicht reicht zum Leben, hat sie sich Arbeit gesucht. Wählerisch durfte sie nicht sein, nach fast zwanzig Jahren Unterbruch – so heißt ja die Ehe, wenn man wieder einsteigen will: Unterbruch.
Immerhin: Die Bekannte hat eine Stelle gefunden und weiß jetzt endlich, wohin mit sich an den Sonntagen, wenn das Heimweh sie überfällt: ins Büro, hinter den Schreibtisch. Dort ist es nur logisch, daß kein Mensch da ist, dort ist es nur selbstverständlich, daß kein Telefonapparat schellt: Sonntag ist Sonntag.
Wir haben auch einen Freund, der Witwer geworden ist. Er ist nie allein, natürlich nicht. Er kann ja nicht kochen und putzen und sich seine Wäsche selber waschen. Eine Reihe von Frauen haben seinen Fall gleich an die Hand genommen. Zwei teilen sich die Schmutzwäsche, eine flickt, am Samstag kommt seine Tochter und putzt das Gröbste, Frau Meier nimmt am Sonntag nach dem Essen gleich die Hemden zum Bügeln mit, am Montag ißt unser Freund bei der Familie im ersten Stock, und am Dienstag bei...
Ich möchte nicht den Eindruck erwecken, es sei verkehrt, daß keine Nachbarin auch nur versucht, unserem Freund seine Waschmaschine zu erklären. Ich möchte nur herausfinden, warum wir verheirateten Frauen eine Art Ladehemmung haben, sobald wir alleinstehenden Frauen helfen sollten. Fällt es schwerer, sich die Konkurrenz an den Familientisch einzu-

D Suppe salze

Es heisst doch geng: «Besser, we d Frou der Maa überläbt – di cha ömu ihri Suppe salze.»
I ha ne Bekannti, wo vor drü Jahr isch Witwe worde; u wül d AHV nid längt, het si du Arbeit gsuecht. Grad useläse het si nid chönne, nach sövu mängem Jahr Underbruch – so heisst ja de d Eh, we me wider wott ystyge: Underbruch.
Item. Di Bekannti het e Stell gfunde u weiss jitz äntlech, wohären am Sunntig, we se d Längizyti überfallt: i ds Büro, hingere Schrybtisch. Dert isch's äbe logisch, dass ke Mönsch umen isch. Dert isch's äbe sälbverständlech, dass kes Telefon tschäderet: Sunntig isch Sunntig.
Mir hei o ne Fründ, wo isch Witwer worde. Dä isch nie elei, natürlech nid. Dä cha ja nid chochen u putzen u sy Wösch sälber mache. E Tschuppele Froue hei sy Fall grad a d Hand gno: Zwo teile sech i di dräckegi Wösch, eini geit ga flicke, am Samschtig chunnt d Tochter ds Gröbschte cho putze, d Frou Meier nimmt am Sunntig nach em Ässe grad d Hemmli mit zum Glette, am Mäntig isst üse Fründ bir Familien im erschte Stock un am Zyschtig ...
I wett jitz nid der Ydruck erwecke, e Nachbere sött e Versuechsballon starte u üsem Fründ afe sy Wöschmaschinen erkläre. I wett numen usefinde, warum mir verhüratete Froue so ne Ladehemmig hei, we mer are eleistehende Frou sötte hälfe: Isch's sövu schwärer, di eigeti Konkurränz a Familietisch yzlade? De wüsst me di ganzi Zyt, dass si o weiss, dass eim d Soosse z dünn ggraten isch. U si chönnt umeluege, ob überhoupt ufgruumt isch, u würd als Profi zuelose, wi me mit de Ching umspringt ... Jä, mei-

Die Suppe salzen

laden? Und die ganze Zeit über wüßte man, daß die andere auch weiß, daß die Sauce zu dünn geraten ist. Und sie könnte stillschweigend feststellen, daß nicht aufgeräumt ist, und als Profi zuhören, wie man mit seinen Kindern umspringt... Lassen wir sie ihr Herz einschließen, sogar am Sonntag, im Büro, damit es nie merkt, das Herz, wie es in unseren Mördergruben ausschaut?

«Morgenstund hat Gold im Mund.» Jedenfalls hasse ich Sprichwörter in der Frühe am meisten. Aber den Mund einmal aufmachen und eine Bekannte einladen – warum nicht? Dann ist das Ammenmärchen früh Lügen gestraft, daß Frauen Frauen immer im Stich lassen.

net'er würklech, mir löji di eleistehende Froue ihres Härz la ybschliesse, sogar amne Sunntig, imne Büro, nume für dass es nie merkt, das Härz, wi's i üsne Mördergrueben usgseht?

«Morgenstund hat Gold im Mund». U süsch hassen i de ömu d Sprichwörter so früech am meischte. Aber ds Muu einisch uftue un e Bekannti ylade – warum o nid? De wär ömu ds Ammemärli bizyte gstraft, dass d Froue d Froue geng im Stich löji.

Grauer Alltag

Immer träume ich davon, ein richtiges Sonntagswort zu halten, eine Art Festansprache zum Strammstehen beim Zähneputzen. Aber es ist wie verhext, sobald ich an der Reihe bin: Heute gehen die Sommerferien zu Ende, und was bleibt, ist wieder der graue Alltag – grau wie Käthis Hals nach den Sommerferien vor über vierzig Jahren.
Wir waren in der dritten oder vierten Klasse, und gleich am ersten Schultag kreuzte die Läusetante auf, wie wir sie nannten. Heute hieße sie mindestens Dentalhygienikerin... Aber damals ging es auch nicht nur um Karies. Jedenfalls sah die Läusetante statt der Zähne plötzlich Käthis Hals. «Ein Graus», hat sie gezetert, «graugescheckt, nichts als Dreck.»
Geistesgegenwärtig hat Käthi behauptet, das komme vom ewigen Baden in den Ferien.
Sonnenbräune? Die Läusetante hat Käthi tief in die Augen geschaut: Lügen sei noch schmutziger als ein schwarzer Hals. «Der Wahrheit eine Gasse.» Eine Mitschülerin wurde zum Abwart geschickt, um eine Schüssel Wasser und einen Waschlappen zu holen. Seife hatte die Läusetante selber, in ihrer Handtasche. Sie kramte die Dose hervor, tauchte den Lappen in die Schüssel, und just, als sie den Hals einseifen wollte und Käthi wie am Spieß zu schreien begann, sprang die Tür auf, und Lehrer Schädeli trat ins Schulzimmer. Was für ein Drama da gespielt werde, hat er gefragt und als erstes das Handtuch vom Haken genommen und es Käthi um den Hals gelegt: «Jetzt siehst du aus wie ein Boxer im Ring. Setz dich an deinen Platz zur Siegerehrung.» Dann steckte Lehrer Schädeli die Hände in die Hosenta-

Wärchtig

I wett geng so gärn es Sunntigs-Wort vo mer gä, so nen Art Feschtaasprächli für stramm z stah bim Zähnputze. Aber 's isch wi verhäxet, wen i drachume – fertig mit luschtig, hütt sy d Ferie verby, u was blybt jitze? Der Wärchtig, dä graugröitschelig, 's mahnet mi grad a Käthis Hals na de Summerferie, vor bau vierzg Jahr.

Mir sy denn i di 3. oder 4. Klass ggange, un am erschte Schueltag isch suber d Luusetante cho. Hütt hiess si ja mindeschtens Dentalhygienikere, aber denn isch's o nid eifach um d Karies ggange. D Luusetante het zwüsche de Zäng düre schnäll em Käthi sy Hals unger d Lupe gno. «Da'sch ja ne Gruus», het si bbrüelet, «da'sch ja ei Dräckmond am angeren ann.» Geischtesgägewärtig het ds Käthi useplääret: das chöm vo däm vile Bedle i de Ferie.

D Luusetante het ihm nume tief i d Ouge gluegt u gseit: Lüge syg no dräckiger als es sy schwarz Hals syg. «Der Wahrheit eine Gasse». Eis vor Klass het zum Abwart abe müesse, ga nes Beckeli Wasser u ne Wäschblätz hole. Es Seifeli het d'Luusetante grad sälber im Handtäschli gha. Si het's zum Döseli usgno u der Wäschblätz ytöichlet, u grad wo si het wöllen yseife u ds Käthi het aafa brüele wi am Spiess, isch d Tür ufgsprunge u der Lehrer Schädeli isch i ds Schuelzimmer ynecho. Was da o für nes Drama ufgfüert wärd, het er gfragt u afen einisch ds Handtuech vom Haagge gno un em Käthi um sy Hals gleit: «Jitz gsehsch grad us wi ne Boxer im Ring. Gang a Platz, für d Siigerehrig.» Der Lehrer Schädeli het d Häng i d Hoseseck gsteckt u sech Oug i Oug vor der Luusetanten ufpflanzet: Vilicht bruuchti si gly einisch e

schen und pflanzte sich vor der Läusetante auf, Auge in Auge. Vielleicht brauche sie eine Brille, hat er gemeint, mhm, kurzsichtig, wie sonst könne sie Sonnenbräune und Dreck nicht auseinanderhalten? Käthis Hals jedenfalls sei wie sein eigener. Wenn sie's nicht glaube, solle sie ruhig ihren Waschlappen wieder einseifen. Der sei ja Kummer gewöhnt. Nein, diesmal hat die Läusetante es vorgezogen, den Lappen auszuwringen und einfach zu glauben. Lehrer Schädeli hat unterdessen das Fenster aufgemacht und das Waschwasser in den Schulgarten geleert: So würden auch die Blümchen sauber. Bevor die Läusetante ihre Seife einsteckte, hat der Lehrer ein bißchen dran geschnuppert: Was für ein aparter Duft. Vielleicht leihe er sie sich gelegentlich aus, für seinen traurigsten Tag in der Woche: Samstag. Da sei ihm schon am frühen Morgen schwer ums Herz, weil er abends in die Badewanne müsse. Einem gewöhnlichen Sterblichen laufe ja stets Seife in die Augen. Aber der Läusetante sei offenbar das Brennen fremd, sonst würde sie die ganze Woche dran denken.
Und Sie? Ich meine: Ihre Seife interessiert mich nicht. Aber ob Sie nie Läusetante spielen und der Würde an die Gurgel wollen. Was heißt gerecht? Kurzsichtige Augen finden immer Dreck.
Sehen Sie: wieder grauer Alltag.

Wärchtig

Brülle, het er gseit, Churzsichtegi chönni ke Dräck vor Sunnebrüüni underscheide. Em Käthi sy Hals syg uf all Fäll wi sy eiget. We si's nid gloub, söll si ne eifach i d Hüpple näh. Ihre Wäschlumpe syg ja Chummer gwönt.

Nei, jitz het d Luusetante der Lumpe lieber usddrääjt u eifach ggloubt. Der Lehrer Schädeli het derwyle ds Fänschter uftaa u ds Becki voll Wasser i Schuelgarten abe gläärt: Jitz syge d Blüemli o no grad suber.

Bevor d Luusetante ihres Seifeli het chönne versorge, het der Lehrer no chly dranne gschmöckt: Das heig jitz en apartige Duft. Ob er's emänd chönnt etlehne für sy trüürigscht Tag ir Wuche? Am Samschtig heig er nämlech scho am Morgen es schwärs Härz, wüll er em Aaben i d Badwanne müess. De gwönlech Stärbleche loufi ja geng Seifen i d Ouge. Aber d Luusetante brönn's dänk nie, süsch tät si di ganz Wuche dra dänke.

U Dihr? I meine nid, ob Dihr a d Seife dänket – ob Dihr nie Luusetante spilet u der Würd a d Gurgle weit. Was heisst scho gerächt? Churzsichtegi Ouge gseh überall Dräck.

Gseht'er: Wider Wärchtig.

Eine Spur Schaf

Eine junge Frau hat mir erklärt, bei ihrem Mann und den Kindern fühle sie sich geborgen, immer finde sie das rechte Wort und dürfe sein, wer sie sei. Nur mit der Mutter habe sie nichts als Probleme. Nie sei ihr etwas recht, und wenn sie jeden Tag hinfahre, nie sei's genug. Die werde ihr noch das Blut aussaugen und beweisen, daß es nicht süß genug sei.
Kommt Ihnen das Drama irgendwie bekannt vor? Oder der Titel «Die doppelte Buchhaltung»? Links zählt Mutter auf, was sie alles geopfert hat, auf was immer wieder verzichtet, wieviel geleistet, und rechts, da steht die Tochter auf ewig in der Kreide. Was macht man in so einem Fall?
Schreien? «Jetzt mach einen Punkt, Mutter, oder ich komme nicht mehr vorbei.»
Klarstellen? «Richtig, Mutter, du hast viel getan für mich, aber jetzt verkommst du zur Egoistin.»
Fragen? «Hörst du dir selber überhaupt zu, Mutter? Oder weißt du nur nicht, was ich höre?»
Ja, das könnte man sagen. Und noch ganz anderes. Und sehr viel mehr. Aber letzte Woche war ich beim Friseur, und eine alte Dame im Stuhl neben mir ist auf Hochglanz gekräuselt worden. «Macht es nicht eine Spur Schaf?» hat sie zum Schluß gefragt. Dem Meister war's egal, er hat die Frage überhört. Immerhin hat er der Kundin den Arm gereicht: Er wolle nicht schuld sein, wenn sie verunfalle mit ihrem Stock. Also hat er sie zu ihrer Haustür im Block nebenan gebracht. Als er von seinem Gang zurückkam, hat er gelacht: «Typisch, die Alte. Hat doch wahrhaftig Kaffee aufsetzen wollen, zum Dank. Das hätte ihr so gepaßt.»

Es Spürli Schaf

E jungi Frou het mer gseit, bi ihrem Maa u de Ching syg si so richtig deheim. Da chönn si rede, wi re der Schnabu gwachse syg, u jedes gspür, wi's eren um ds Härz syg. Nume mit der Mueter heig si afe ständig Problem. Dere chönn si jitz nie öppis rächt mache, u we si jede Tag z Bsuech göng, so syg's uf all Fäll nid gnue. Die sug ere no einisch ds Bluet uus u säg es syg zweni süess.

Chunnt Ech das Drama öppe bekannt vor? Oder nume der Titel: Di doppleti Buechhaltig? Linggs zellt d Mueter uf, was si alls gopferet het im Läbe, uf was geng verzichtet u was alls gleischtet. U rächts steit d Tochter geng ir Chryde.

U de, was macht me de?

Brüele? «Jitz mach mal e Punkt, Mueter, süsch hesch mi gseh.»

Klarstelle? «Richtig, Mueter, du hesch e Huuffe ta für mi. Aber jitz bisch am vercho u wirsch en Egoischtin.»

Frage? «Losisch der sälber o zue, we'd redsch, Mueter? Oder weisch nume nid, was i ghöre?»

Richtig, so chönnt me's säge. Oder ganz angers. U ne Huuffe derzue.

Aber i bi letscht Wuche bim Coifför gsy, un uf em Stuel näbedrann isch en alti Damen uf Hochglanz gchrüselet worde. Am Schluss het si schüüch gfragt: «Macht's nid es bitzeli Schaf?» E'sch em Coifför wurscht gsy, er het gar nid zueglost. Hingäge het er du d Chundin am Arm gno: Er wöll de nid tschuld sy, we si mit ihrem Stäcke no der Schänkuhals brächi. Drum het er se vor ihri Hustüre gfüert, im Block näbedrann. Won er isch zruggcho, het er müesse gugle:

Eine Spur Schaf

Aha. So also wird das sein im Alter: Jedes Bedürfnis, sich erkenntlich zu zeigen, wird automatisch umgemünzt in eine Forderung. Ich werde das nicht verkraften können, ich werde zumindest rebellieren. Vielleicht werde ich die unzähligen kleinen Demütigungen an niemandem auslassen können. «Macht es nicht eine Spur Schaf?» Aber meine Kinder werden zu Besuch kommen, und dann... Es ist ja niemand anderes mehr auf der Welt, der sich meine Ausbrüche noch zu Herzen nähme.
Was meinen Sie? Liegt nicht darin das große Mißverständnis: Die Klagen sind keine Anklagen, sondern Hilferufe, weil kein Selbstgefühl mehr vorhanden ist? Vielleicht bräuchten die Kinder nur Ohren, die simultan übersetzen, um endlich die richtige Antwort zu finden: «Mutter, du bleibst uns immer die Liebste – auch wenn du für alle andern nur noch eine Alte bist, die schlecht zu Fuß ist.»

Es Spürli Schaf

«Typisch, di Alti. Het wahrhaftig es Ggaffee wöllen übertue zum Dank. Hätt ere no grad eso chönne passe, uf alls ufe.»
Aha. Eso isch de das einisch, im Alter: We me ds Bedürfnis het, sech erkenntlech z zeige, wird's eim outomatisch umgmünzt in e nöji Forderig. So öppis chan i de nid verchrafte, gäge serigs tuen i de rebelliere. Aber vilicht chan i di tuuset chlyne Demütigunge a gar niemerem meh uslaa. «Macht's nid es bitzeli Schaf»? Wohl, myner Ching chöme scho, mi cho bsueche, u dene tuen i de dänk... Es git drum süsch niemer uf der Wält, wo sech myner Usbrüch no z Härze nähmt.
Was dünkt Nech: Isch's ächt numen es grosses Missverständnis, u di Chlage sy gar kener Aachlage? Emänd rüeft da ne Mönsch z Hülf, wüll er kes Sälbschtgfüel me het. Vilicht bruuchte d Ching numen Ohre, wo si chönnte simultan übersetze dermit. De gäbte si o äntlech di richtegi Antwort:
«Mueter, du blybsch is geng ds Liebschte – o we d' für alli angere nume no en Alti bisch, wo schlächt z Fuess isch.»

Das andere Land

Ich habe Verwandte in den Bergen. Als die 83jährige Tante krank wurde, habe ich sie jeden Abend angerufen, um zu fragen, wie's gehe. Bis sie mir gesagt hat, ich solle doch aufhören, mir derart Umtriebe zu machen. Man werde mir schon Bescheid sagen, wenn sie gestorben sei.
Vielleicht gibt es zwei Länder in der Schweiz, nicht nur vier Sprachen.
Von diesem zweiten Land habe ich erst wieder gehört in der «Insel», dem Berner Kantonsspital. Mein Sohn lag dort, in einem «Männersaal». Der eine Mitpatient hatte jeden Tag Besuch von seiner Frau, der andere nie. Doch, halt: Einmal wollte sie kommen, an einem Sonntag, er hatte sich am Morgen extra gekämmt. Aber kurz nach elf hat sie angerufen, jetzt sei die Kuh unrastig, vermutlich werde sie bald kalbern. Der Bauer hat ins Telefon gerufen, das gehe vor – nicht daß man auch noch Unsegen im Stall habe, seinetwegen. Den lieben langen Nachmittag hat der Bauer dann geschwiegen und an die Spitaldecke gestarrt. Aber am Tag darauf, da hat er plötzlich Antwort gegeben. Der umsorgte Stadtpatient hat ihm nämlich von seinem Zwergpudel erzählt, und seiner Frau sind die Tränen gekommen dabei. Was war ihnen das Tierchen doch ans Herz gewachsen – beinah wie ein Kind. Und wie es sie beide verstanden hat mit seinen verständigen Äuglein. Und dann der Blitz aus heiterem Himmel: krank, der kleine Pudel. Die Frau mußte ihn beim Tierarzt gleich einschläfern lassen. Aber am Abend, hat der Patient weitererzählt, am Abend seien sie beide noch einmal gemeinsam in die Praxis gegangen, mit Blumen – um richtig Ab-

Ds angere Land

I ha Verwandti i de Bärgen obe. Wo di 83järegi Tanten isch chrank worde, han i jeden Aabe hurti aaglüttet, für z frage, wi's ere göng. Bis si mer het gseit, i söll doch ufhöre, mit dene Umtriibe. Me mach mer vo sälber Bscheid, we si gstorbe syg.
Vilicht git's äbe zwöi Länder ir Schwyz, nid nume vier Sprache.
Vo däm zwöite Land han i ersch wider öppis ghört im Insel-Spital. My Suhn isch dert imne Männersäli gläge. Der eint Mitpatiänt het all Tag Bsuech gha vo syre Frou. U der anger nie. Wou: einisch amne Sunntig het si wölle cho, är het sech no äxtra gstrählt nach em Zmorge. Aber so um di elfe het si aaglüttet, jitz mach d Chue am Chalberen ume. Der Buur het i ds Telefon bbrüelet, jää, das göng de vor. Nid, dass me wäg ihm no Ugfehl heig im Stall. U du het er gschwige, der lieb läng Namittag, u d Spital-Dili aagluegt.
Aber z mornderisch het er du Antwort ggä. Der verbäschelet Stadtpatiänt het grad vo sym Zwärgpudel verzellt, u der Frou isch gwüss ds Ougewasser ygschosse. Das Tierli isch ne halt a ds Härz gwachse gsy, schier wi nes Ching. E so öppis Verständigs i den Öigli het's gha. U du dä Blitz us heiterem Himel: ds Pudeli chrank. D Frou het's grad müesse la yschlääfe bim Tierarzt. Aber der Patiänt het verzellt, am Aabe syge si zäme no einisch i d Praxis zrugg, mit Blüemli, eifach für z grächtem Abschid z näh. Es syg ihm es Bedürfnis gsy, däm Tierli mit eren Art Beärdigung di letschti Ehr z erwyse.
Der Buremaa het sys Bett hingerufekurblet u gseit: «Du, jitz wüll der einisch öppis verzelle. I ha o ne

schied zu nehmen. Es sei ihm ein Bedürfnis gewesen, dem Tierchen mit einer Art Beerdigung die letzte Ehre zu erweisen.
An diesem Punkt hat der Bauer sein Bett hochgekurbelt und gesagt: «Jetzt erzähl ich dir etwas. Ich hab nämlich auch einen Hund gehabt, einen Appenzeller, den hatt ich abgerichtet zum Vieheintreiben. Und ist mir blind geworden. Ich wollt es nicht wahrhaben, bis er gegen die Stalltür prallte, am hellen Vormittag. Da hab ich einen Mocken Speck geholt und meinen Karabiner. Und grad als der Hund den Speckmocken gepackt hat, hab ich abgedrückt. Sauber hinters Ohr getroffen. Kein Jaulen, nichts. Er ist einfach zusammengesackt. Und weißt du, was ich dann gemacht habe mit meinem Hund? Ich hab ihn am Balg gepackt und auf die Böschung hinterm Haus geworfen. So haben die Raubvögel noch etwas gehabt von ihm.»
Der Bauer hat sich ins Kissen zurückgelehnt. Aber gleich ist er noch einmal hochgefahren: «Du. Ich hab meinen Hund lieber gehabt als du deinen, das kannst du mir glauben. Ein so schaffiger Hund, wie das war.»
Was meinen Sie: Verläuft der Röstigraben in der Schweiz wirklich zwischen Deutsch- und Welschschweiz, oder trennt er zwei andere Länder?

Ds angere Land

Hung gha, en Appezäuer, i ha ne abgrichtet, mer ds Veh yztue. U du isch er mer blinge worde. I ha's gwüss ersch wölle gloube, won er a ds Ställi plütschet isch, am heiterhälle Tag. Du han i es Späckmöcki gholt u der Karabyner u bi hinger ds Huus mit em Hung. Grad won er ds Möcki ynezoge het, han i abddrückt: schön suber hinger ds Ohr preicht. Nüüt gjoulet u gar nüüt. Eifach zämegheit. U weisch, was i du gmacht ha, mit mym Hung? I ha ne am Balg packt un uf e Hoger ufegheit hinger em Huus. Eso hei d Roubvögu o no öppis gha von ihm.»
Der Buur isch i d Chüssi zrugg gläge. U het grad no einisch ufgha: «Du, i ha my Hung lieber gha als du dine, vil lieber, das chasch mer gloube – so ne schaffige Hung wi das isch gsy.»
Was meinet'er: Geit ächt der Röschtigrabe würklech zwüsche de Wältsche u de Dütschschwyzer düre – oder trennt er zwöi anderi Länder, ir Schwyz?

Wie beschreiben Sie einem Fremden den Weg zu Ihrem Zuhause? Da kann man nur operieren mit links und rechts, südlich und nördlich, und nach dem Magnolienbaum in voller Blüte kommt die Backsteinfassade – zweiter Stock, dritte Tür.
Selber denken Sie allerdings ganz anders an Ihr Zuhause. Da geht es auch nicht um die Fassade.
Und was hat Ihr Zuhause mit dem Weg zu tun?
Ich frage mich, ob «Lebensläufe», die an Begräbnissen verlesen werden, nicht vergleichbare «Mißverständnisse» sind: Da wird von Schulen berichtet, von Auslandaufenthalten, dem Hochzeitsdatum, den Beförderungen – und nichts davon war das Leben.
Ich bin vor ein paar Wochen an einer Trauerfeier gewesen. Eine ältere, alleinstehende Frau ist begraben worden, und der Pfarrer hat hervorgehoben, welch schöne berufliche Karriere sie gemacht habe. «Sie war ein Mensch, der von Jugend an gewußt hat, was er wollte.»
Er? Ich habe dagesessen und an ihn gedacht. Als kleines Kind habe ich nämlich wegen dieser Frau zum ersten Mal begriffen, wie furchtbar Liebe sein kann. Ich weiß nicht, wo sie ihn kennengelernt hat. Eines Tages ist der amerikanische Urlauber einfach aufgekreuzt, mit Sack und Pack, und die Nachbarn hatten etwas zu gaffen: Johnny. Brandschwarzes, krauses Haar und eine Khakiuniform. Kaugummi hatte er in der Hosentasche links, Johnny hat mir schon am ersten Tag einen zugesteckt.
Hat es einen Monat gedauert, zwei? Die junge Frau hat mir verraten, daß Johnny vermutlich immer bei

Läbeslöif

Heit'er Nech scho einisch zueglost, we Dihr öpperem der Wäg zu Öiem Hei beschrybet?
Da geit's um linggs u rächts, südlech u nördlech, u nach em Magnolieboum, wo grad blüejt, chunnt de d Bachsteifassade – zwöite Stock, dritti Tür.
Aber eigetlech dänket Dihr sälber ganz angers a Öies Hei. Da geit's zwar o nid um d Fassade. U was het es Hei überhoupt z tüe mit em Wäg?
Isch's ächt nid es ähnlechs Missverständnis mit dene Läbeslöif, wo a de Beärdigunge aube verläse wärde? Da isch vo Schuele d Red, vo mene Uslandufenthalt, ds Hochzytsdatum wird erwähnt, u sämtlechi Beförderige – numen isch alls das nid ds Läbe gsy.
I bi vor paarne Wuche are Truurfyr gsy. Vo ren eltere, ledige Frou. Der Pfarrer het betont, si heig brueflech würklech schön Karriere gmacht, si syg äben e Mönsch gsy, wo vo jung uf gwüsst heig, was er wöll.
Är? I bi daghöcklet u ha a ne ddänkt. Als chlyn han i drum wäg dere Frou zersch Mal gspürt, wi d Liebi i eim cha wüete. I weiss nid emal, wo si ne het glehrt kenne: en amerikanischen Urlouber. Eines Tages isch er eifach ufgchrüzt, mit Sack u Pack, u d Nachbere hei öppis gha z göije: der Johnny. Brandschwarzi Chrüselihaar u ne Khakiuniform. Chätschgummi het er o gha – im lingge Hosesack; der Johnny het mer scho am erschte Tag eine zuegsteckt.
Isch's ächt e Monet ggange, ächt zwe? Di jungi Frou het mer verrate, dass er allwäg geng bi re blyb, aber es syg es Gheimnis, i söll de ihrne Eltere no nüt verrate. Nei. Nid emau myne han i es Stärbeswörteli gseit. I bi numen all Tag das Wältwunder ga bestuune: Der Johnny, wo nid het Dütsch chönne u glych gläbt het.

ihr wohnen bleibe. Aber es sei noch ein Geheimnis, ich solle es ihren Eltern nicht verraten.
Nein. Ich habe auch meinen nichts gesagt. Ich habe nur jeden Tag das Weltwunder bestaunt: Johnny, der nicht Deutsch konnte und trotzdem lebte.
Die junge Frau hat begonnen, Leintücher zu säumen und zu besticken. Wie konnte sie lachen, wenn sie Johnnys Zigaretten drunter versteckte und er sie suchen mußte: «Cold – cold – warmer – hot.»
Plötzlich ist ein Einrückungsbefehl gekommen von der amerikanischen Armee: Am Abend des folgenden Tages mußte Johnny abreisen. Den lieben langen Morgen hat er gepackt und den Nachbarn Lebewohl gesagt, «see you later, alligator»; den ganzen Nachmittag hat er Fotos gemacht von der jungen Frau, und am Abend sind die beiden im Taxi zum Bahnhof gefahren.
Während der Pfarrer in der Kirche weitergesprochen hat, habe ich den Schrei wieder gehört, den Schrei der Frau, als sie allein nach Hause kam. Der Bahnschaffner hatte ihr prophezeit: «Umarm ihn soviel du willst, hier heißt's Aufnimmerwiedersehn.»
Ja, er hat recht bekommen. Keinen einzigen Brief hat Johnny beantwortet. Hat er wirklich Johnny geheißen? In der ersten Nacht ist ein Telegramm gekommen: Love for ever. John.
Etwa ein halbes Jahr später ist die junge Frau in eine andere Stadt gezogen, damit nicht einmal mehr die Mauern sie an den Namen erinnern konnten. Wie hat der Pfarrer gesagt? «Wir nehmen Abschied von einer alten Frau. Sie war ein Mensch, der von Jugend an gewußt hat, was er wollte.»

Di jungi Frou het aagfange d Lyntüecher z söimle u Borde dry z sticke. U de het si möge gugle, we si em Johnny syner Zigarette hurti drunger versteckt het, un er am falschen Ort het aafa sueche: «Cold-cold-warmer-hot.»

Plötzlech isch en Yrückbefähl cho, vor amerikanischen Armee. Scho am Aabe druuf het der Johnny müesse parat sy. Am Morge het er afen einisch packt un isch de Nachbere allne ga Adiö säge, «see you later, alligator»; u der ganz Namittag zdüruus het er no Fotone gmacht vor junge Frou. Am Aabe sy di zwöi zämen a Bahnhof, im Taxi.

Der Pfarrer ir Chilche het eifach wytergredt, un i ha dä Brüel no einisch ghört, der Brüel vo der junge Frou, wo si elei isch hei cho. Der Kundiktör het ere's drum vorusgseit: «Tue ne umärfele so sträng de masch, dä gsehsch uf all Fäll nümm.»

Ja, er het rächt übercho. Der Johnny het o uf ke einzige Brief en Antwort ggä. U het er ächt überhoupt Johnny gheisse? Ir erschte Nacht isch es Telegramm cho: Love for ever. John.

Öppen es halbs Jahr speter isch di jungi Frou i nen angeri Stadt zoge. Dert hei se nid emal meh d Steine a ne chönne mahne. Wi het der Pfarrer gseit? «Mir näh Abschid vo ren alte Frou. Si isch e Mönsch gsy, wo vo jung uf gwüsst het, was er wott.»

J'adore la vie

Ist es für Sie nie schwer, daß das Leben keine Ausnahme machen will für Sie? Einige Leute finden zwar, alles sei aufs Wunderbarste eingerichtet. Nicht in der Welt natürlich, aber in der Natur. Blümchen sprießen im Frühling, wo man im Winter noch nicht mal Zwiebeln sieht. Und das menschliche Gehirn erst, wie subtil es funktioniert: reproduziert heute Französischwörtchen, die man anno Tobak gebüffelt hat; ja, es kann dreißig Jahre im nachhinein Bilder vor dem inneren Auge auferstehen lassen, als ob's gestern gewesen wäre: Reglos steht Vater noch am Fenster und schaut in den Garten – dabei ist er längst gestorben.
Trotzdem: Ich könnte mir ein besseres Gehirn denken. Eines, das nicht mit uns zugrunde geht, eines, das wir vererben. Wenn wir Französisch könnten, bräuchten unsere Kinder es nicht zu lernen. Wir würden ihnen unser zusammengekratztes Wissen hinterlassen wie ein abbezahltes Haus.
Warum nicht noch ein bißchen weiterträumen? Ja, «einer für alle, alle für einen». Wenn ich jetzt zum Beispiel in Ihre Hörerköpfe hineinschütten könnte, was in meinem eigenen herumspukt, dann wären wir doch alle einer Meinung. Und zwar meiner Meinung – sonst macht das Ganze ja keinen Sinn. Aber so hätte ich mit einem Schlag lauter Freunde auf der Welt, von Grönland bis Südafrika, im Kreml und im Weißen Haus, bei den Freisinnigen und den Linksextremen – endlich würde genau das Klima herrschen, wo ich den Problemen der Welt zu Leibe rükken und ihnen den Garaus machen könnte.
Sie lachen? Wollen Sie lieber Ihre eigene Meinung

J'adore la vie

Heit Dihr o mängisch schwär, wüll ds Läbe ke Usnahm wott mache für Nech? Teil Lüt finde ja geng, alls syg eso wunderbar ygrichtet. Nid ir Wält, natürlech, aber ir Natur: D Blüemli schiessen im Früelig, o we men im Winter d Zibeli nid gseht. U de ds mönschleche Hirni ersch, wi subtil das funktioniert: spöit Französischwörtli füre, wo mer Anno Tubak bbüfflet hei. U cha dryssg Jahr hingerdry no Bilder la ufstah, wi we's geschter gsy wär: Der Vatter, wo hinger em Fänschter steit un useluegt – derby isch er lengschte gstorbe.

Trotzdäm: I chönnt mer es bessers Hirni dänke. Eis, wo nid zgrund gieng mit eim; eis, wo mer chönnte vererbe. We mer Französisch glehrt hätte, bruuchte's üser Ching nid o wider z lehre. Mir würde ne ds ganze Wüsse, wo mer i üsem Läbe zämekratzet hei, vermache wi nes abzalts Huus.

Warum dörfte mer nid no chly wytertröime? Ja, «einer für alle, alle für einen». Wen ig jitz zum Byspil i Öiji Hörerchöpf chönnt yneschütte, was i mym isch, de wäre mer doch alli glycher Meinig. U zwar äbe myr Meinig – süsch het ds Ganze ja ke Spitz. Aber eso hätt i uf ei Tätsch lutter Fründen ir Wält: vo Grönland bis Südafrika, im Kreml un im Wysse Huus, bi de Freisinnige u bi de Linggsextreme... De wär äntlech es Klima, won i mer d Wältproblem chönnt vorchnöpfe u ne der Garuus tue.

Syt'er am Gugle? Weit Dihr jitz tatsächlech wider mit Öier Meinig derhär cho, dass i blöd pladderi u Dihr es ganz angers Kalyber wäret, für d Wält i Aagriff z näh?

Amen. Nume schad, syt'er nid eso grüsli konsequänt:

ins Spiel bringen, daß ich blöd drauflosplappere und Sie selber ein ganz anderes Kaliber wären, um sich die Welt vorzuknöpfen?
Amen. Nur schade, daß Sie nicht ebenso konsequent sind, wenn's umgekehrt läuft und kein Mensch einsehen will, wie glasklar Sie die politische Lage in Nicaragua beurteilen, oder wie einzig richtig Ihre grauen Hirnzellen schalten in Sachen Flüchtlingswesen. Dann lachen Sie nicht, wenn alle abwinken. Dann behaupten Sie, es gebe keine Gerechtigkeit auf der Welt. Doch, doch, präzis Ihre Gerechtigkeit. Sie heißt: eigene Meinung.
Sogar Ihre Kinder haben eine. Und meine Kinder. Auch wenn es in unseren Ohren klingt, als hätten sie kein Hirn im Kopf: Müssen die eigene Nase überall zuvorderst haben, obwohl wir ihnen schwarz auf weiß beweisen können, daß sie sie einklemmen werden, die Nase – wozu sind wir selber einmal jung gewesen? «Ah, si vieillesse pouvait, si jeunesse savait.» Haben Sie doch kein Französisch mehr gespeichert? Aber Sie wissen deutsch und deutlich, wie wir raten könnten.
Wenn zum Beispiel ein junger Bursche zum ersten Mal über unsere Schwelle tritt und die Tochter ihn so reizend findet: «Fang gar nicht erst mit ihm an, dann brauchst du nicht aufzuhören.» Und immer bekommen wir recht, sogar wenn wir schweigen: Das Töchterchen wird das heulende Elend haben wie wir vor dreißig Jahren. Diagnose: Liebeskummer.
Ist es für Sie nie schwer, daß das Leben keine Ausnahme machen will für Sie? Ich verstehe nämlich

J'adore la vie

We's umgchehrt louft, u ke Mönsch wott ygseh, wi glasklar Dihr di politischi Lag z Nicaragua yschetzet, oder wi fählerlos Öier graue Hirnzälle schalte, i Sache Flüchtlingswäse – de futteret Dihr doch aube druflos, es gäb eifach ke Grächtigkeit uf der Wält.
Wowou, präzis Öiji Grächtigkeit git's. Si heisst: eigeti Meinig.
Sogar Öier Ching hei eini. U myner Ching o. Nume tönt's i üsne Ohre, wi we si kes Hirni im Chopf hätte: meine geng, si müessi di eigeti Nasen überall zvorderscht ha. O we mer nes schwarz uf wyss chöi bewyse, dass si sen ychlemme, d Nase – für was sy mer de sälber einisch jung gsy? «Ah, si vieillesse pouvait, si jeunesse savait». Heit'er emänd doch ke Französisch meh gspycheret? Aber derfür wüsset'er dütsch u dütlech, wi mir chönnte rate.
Zum Byspil, wen e junge Bursch zersch Mal über d Schwelle trappet bi nis deheim, un er ds Töchterli derewäg e Nätte dünkt: «Fang lieber nüüt a mit ihm, de bruuchsch o nie ufzhöre.» U immer überchöme mer rächt, sogar we mer schwyge: Ds Töchterli chunnt prompt u grännet, wi mir vor dryssg Jahre: Liebeschummer.
Heit Dihr o mängisch schwär, wüll ds Läbe ke Usnahm wott mache für Nech?
I verstah jitz nämlech, was der Vatter denn het ddänkt, won er so still am Fänschter isch gstande, un i ne drümal ha müesse frage: «Vatter, a was dänksch?» Drümal.
«Es wott gloub gly ywintere», het er gseit. Un i ha

erst jetzt, was der Vater gedacht hat, damals, als er reglos am Fenster stand und ich dreimal fragen mußte: «Vater, an was denkst du?» Dreimal.
«Ich glaube, bald will es einwintern», hat er gesagt. Und ich habe nur gehört, daß er vom Wetter redete. Das war die Zeit, wo ich Französisch gebüffelt habe: «J' adore la vie.»

nume ghört, dass er vom Wätter redt. Da'sch drum di Zyt gsy, won i Französisch bbüfflet ha: «J'adore la vie».

Weihnachtsrummel

Sie wissen, was für ein Tag heute ist? Ich rede nicht vom Wetter, und Montag ist Montag – da paßt Glatteis wie angegossen. Ich rede vom Datum: Heute ist der 1. Dezember. Mit anderen Worten: Wir müßten uns hinters Basteln klemmen. Es gibt ja Leute, die bereits im August ihre Blümchen gepreßt haben. Aber ich nehme an, Sie und ich gehören zur andern Sorte: Schon wieder im Rückstand, auch wenn noch dreieinhalb Wochen vor uns liegen. Eigentlich sind wir die Stützen des Konsumrummels, den wir prinzipiell verurteilen. Wir kaufen unsere Geschenke.
Oder sind Sie Purist? Ojerum. Ich war schon vor zwanzig Jahren einer: Nur das ganz Wahre und Echte habe ich an Weihnachten gelten lassen, im Grunde also gar nichts.
Es war wie mit dem Kartoffelsalat, den uns eine Bekannte vorsetzte. Mausgrau lag er auf dem Teller, ohne irgendeinen Petersilienstengel als Dekoration, von Mayonnaise ganz zu schweigen. Dafür hat uns die Hausfrau ihr Credo als Beilage aufgetischt: Solange die halbe Menschheit hungere, stehe es niemandem auf der Welt wohl an zu schlemmen. Hat sie gesagt. Erst auf dem Heimweg ist mir eingefallen, daß wir keinen Einzahlungsschein ausgefüllt haben für «Brot für Brüder». Im Grunde hat also kein Mensch etwas gehabt von unserem verdorbenen Abend. Oder doch: die Hausfrau. Sie hatte ein gutes Gewissen für ein schlechtes Essen.
Ungefähr so habe ich es gehalten mit Weihnachten vor zwanzig Jahren: Niemand hat etwas von mir bekommen. Aber den ganzen Dezember über habe ich missioniert, um die andern spüren zu lassen, wie völ-

Wüsset'er, was für ne Tag hütt isch? Jä, i rede nid vom Wätter, u Mäntig isch Mäntig – da tuet's dänk o Glattysch. I rede vom Datum: der 1. Dezämber. Jitz heit'er's: Mir sötte hinger ds Baschtle. Es git Lüt, wo scho im Ouguscht Blüemli presst hei. Aber i nimen aa, Dihr syget ender win ig: Scho im Hingerlig, o we's no dreiehalb Wuche geit. Vo üsereim läbt allwäg dä Konsum-Rummel, wo mer eso verurteile, rein prinzipiell. Mir choufe d Gschänkli.
Oder syt'er öppen e Purischt? O herje. I bi nämlech scho vor zwänzg Jahr eine gsy. Nume ds ganz Wahren u Ächte han i la gälten ar Wienachte. Also eigetlech gar nüüt.
Es isch grad gsy, wi mit däm Härdöpfusalat, won is e Bekannti ufgstellt het. Muusbleich isch er uf de Täller gläge, ohni es Peterligstüdeli obenuuf – vo Mayonnaise wei mer de scho gar nid rede. Als Bylag het's eifach der Husfrou ihres Credo ggä: Solang di halbi Mönschheit hungeri, stöng's niemerem aa z schwelge. Het si gseit. Mir isch ersch uf em Heiwäg z Sinn cho, dass mer gar ke Yzaligsschyn hei usgfüllt für «Brot für Brüder». Im Grund gno het ke Mönsch öppis gha vo däm verdorbnigen Aabe. Wohl: d Husfrou. Die het es guets Gwüsse gha für nes schlächts Ässe.
Grad öppen eso bin i umgsprunge mit der Wienachte, vor zwänzg Jahr: Es het niemer öppis übercho vo mir. Derfür han i der ganz Dezämber uus allne es schlächts Gwüssen addrääjt, wüll si so völlig dernäbe gsy sy, mit ihrer Aaheizerei vom Wienachtsgschäft. Han i öppe nid rächt gha: Ds Chrischtetum isch doch nid es Gschänkli. Es isch es radikals Umdänke, es an-

lig daneben sie lagen mit ihrem Anheizen des Weihnachtsgeschäfts. Richtig: Christentum ist kein Geschenk, es ist ein radikales Umdenken, ein anderes Prinzip als Macht. Was haben gepreßte Blümchen damit zu tun? Und die ewige Herzchen-Backerei? Kein Mensch denkt dabei an Christi Geburt. Und die tausend Leuchtsterne als Straßendekoration? Ich weiß, auch Sie werden es dieses Jahr wieder sagen: pure Energieverschwendung – ob den Behörden nichts Gescheiteres einfalle, als mit unsern Steuergeldern Firlefanz in die Luft zu hängen?
Jetzt brauchen wir bloß noch die Hand aufs Herz zu legen – schon haben wir das Gefühl, wir seien in den Ausstand getreten aus der Konsumgesellschaft – ganz wie unsere Gastgeberin. Nur daß damit kein Jota verändert ist. Ich möchte Ihnen keine Vorschriften machen punkto Ausfüllen von Einzahlungsscheinen. Ich möchte Ihnen nur erzählen, daß ich damals, als Puristin, das Wesentliche an Weihnachten nicht erfahren habe – außer der Festtagsdepression. Ich bin keine Theologin und kann nur wie Sie in der Bibel lesen. Aber ist beispielsweise in der Weihnachtsgeschichte nicht auch von ganz Unwesentlichem die Rede? Weihrauch, Gold und Myrrhe haben die drei Könige gebracht. Strenggenommen nichts, was die Welt auf den Kopf gestellt hätte. Und nicht mal der Esel im Stall wurde davon satt und konnte schneller durch die Wüste fliehen vor Herodes. Herodes? Bekanntlich ist er nicht umgefallen wegen eines Sterns, in Sachen Machtpolitik. Er war Purist; er hat sich durch keinen Firlefanz davon ablenken lassen, alle umzubringen, die später einmal über ihn hinauswachsen könnten.

ders Prinzip als d Macht. Was hei ächt pressti Blüemli dadermit z tüe? U di ewegi Bacherei vo Härzli-Güezi? Ke Mönsch dänkt a Chrischti Geburt derby. U was hei ächt di tuuset Lüüchtstärne i de Gassen uss verlore? Gället, Dihr säget's hüür o wider: reini Energieverschwändig – ob de Behörde würklech nüüt Schlöjers yfall, als mit üsne Stüüre ga Firlifanz i d Luft z hänke.

Jitz bruuchte mer nume no d Hand uf ds Härz z lege, u de hätte mer äntgültig ds Gfüel, mir sygi zur Konsumgsellschaft usträte – grad wi my Gaschtgäbere. Nume hei mer a nüüt e Bohne gänderet. I wett Nech nid öppe Vorschrifte mache, wägem Usfülle vo Yzaligsschyne. I wett Nech nume säge, dass i denn, als Purischtin, ds Wäsentleche vor Wienachte überhoupt nid ha erfahre – nume d Feschttagsdepressione.

I bi ke Theologin, i cha nume wi Dihr ir Bibel läse. Aber isch dert nid o vo ganz Unwäsentlechem d Red, ömu ir Wienachtsgschicht? Weihrouch, Guld u Myrrhe hei di drei Chünige bbracht. Sträng gno o nüüt, wo d Wält uf e Chopf gstellt hätt. Nid emal der Esel im Stall isch gfuetteret gsy dermit u hätt tifiger chönne dür d Wüeschti flüchte. Der Herodes isch ja bekanntlech nid umgheit wägem ne Stärn, i Sache Machtpolitik. Er isch drum e Purischt gsy, der Herodes. Er het sech dür ke Firlifanz la ablänke dervo, alli umzbringe, wo einisch hätte chönne über ne uswachse.

Himmelblaue Schwarzarbeit

In der Schweiz macht nicht nur Milch manches wieder gut – Geld auch. Sogar wenn einem die Plackerei zum Halse heraushängt – wenn man den Zahltag nach Hause trägt, Ende Monat, ist man wer.
Aber ganz nebenbei und hintenherum wird in der Schweiz eine Menge Arbeit geleistet, die von der freien Marktwirtschaft nie erfaßt wird. Schwarzarbeit? Eher: himmelblaue. Ich denke an die unzähligen Frauen, die sich engagieren. Sie gehen in Altersheime zu vereinsamten Insassen; sie setzen sich an Spitalbetten und lesen vor; sie betreuen Drogenabhängige, sie arbeiten in Kirchenvereinen und Schutzorganisationen; oder vielleicht kümmern sie sich auch einfach um Onkel Karl, der allein nicht mehr zurechtkäme. Sicher ist in jedem Fall: Ende Monat tragen diese Frauen keinen Lohn nach Hause, um damit aufzutrumpfen. Aber mein Arzt schlägt es auch nicht aufs Honorar, daß er jeden Abend, nach dem letzten Krankenbesuch, noch einen Umweg macht mit dem Auto. Er fährt zu einer alten Patientin, um ihr gute Nacht zu sagen. Ganz einfach: Er blinkt zweimal mit den Scheinwerfern, und sie löscht ihr Nachttischlämpchen und zündet es gleich wieder an.
Rührend, diese Geschichte, meinen Sie nicht auch? Und so human. Man könnte stundenlang vor dem Radio sitzen und zuhören, wie viele gute Menschen es trotz allem noch gibt auf der Welt.
Der Haken ist bloß ... Zu wem gehen wir selber, am Abend, und sagen ihm gute Nacht? Warum tun wir's nie? Ist es am Ende so, daß alles, was nichts kostet, nicht halb so kostbar ist wie Lohnarbeit – statt dessen rührend? Und damit wären wir wieder bei den

Himelblaui Schwarzarbeit

Ir Schwyz macht nid nume d Milch mängs wider guet – ds Gäld o. Sogar we eim d Püetz zu de Chnopflöcher uus stinkt – Ändi Monet isch men öpper, we me sy Lohn heitreit.
Aber eso hingerdüre u näbeby wird ir Schwyz no ne Huuffe Arbeit gleischtet, wo vor freie Marktwirtschaft gar nie erfasst wird. D Schwarzarbeit? Ender di Himelblaui. I dänken a di vile Froue, wo sech engagiere. Si göh i d Altersheim ga eleistehendi Patiänte bsueche; si sitzen a Spitalbett u läse vor; si betröje Drogenabhängegi; si schaffen i de Chirchevereine u Schutzorganisatione; oder vilicht luege si o eifach zum Unggle Kari, won elei nümme z Gang chämt. Sicher isch nume: Die Froue tragen Änds Monet ke Lohn hei u chöi nen öpperem spienzle. Aber my Dokter schlat's o nid uf d Rächnig, dass er jeden Aabe, wen er mit de Chrankebsüech düren isch, no nen Umwäg macht im Outo, für neren alte Patiäntin ga Guetnacht z säge. Er bländet eifach hurti d Schynwärfer zwöimal uuf, u si löscht ds Nachttischlämpli u züntet's grad wider a.
Rüerend, gället, ömu we sone Gschicht am Radio chunnt – me chönnti stundelang zuelose, wivil gueti Lüt 's de glych wider git, uf der Wält. Der Haagge isch höchschtens... Zu wäm gö mer hinecht u sägen ihm o Guetnacht? Jä, warum gö mer sowiso nie? Isch emänd doch alls, wo nüüt choschtet, nid ganz eso ärnscht z näh wi d Lohnarbeit? Derfür isch es rüerend. U dermit wäre mer wider bi de Froue glandet, wo sech engagiere. Di sy ja sogar es Spürli lächerlech: Sozialhyäne seit me ne, o we's natürlech nid bös gmeint isch. Aber sogar ir eigete Familie... Aba, na-

Frauen, die sich engagieren. Sie sind sogar eine Spur lächerlich: Sozialhyänen nennt man sie. Auch wenn's natürlich nicht böse gemeint ist. Aber selbst in der eigenen Familie ... Natürlich hat der Ehemann und haben die Kinder nichts dagegen, wenn Mutti sich jetzt um Tante Emilie kümmert oder für ein paar Drogensüchtige kocht. Ganz im Gegenteil: «Doch prima», trompeten alle unisono; derweil mache Mutti nichts Dümmeres – das sei bei weitem gescheiter, als Depressionen zu fassen.
Würde man es wohl wagen, so über jemanden herzuziehen, der ein Gehalt kassiert? Und vor allem: Würde Mutti selber nicht ganz anders auftreten, wenn sie Ende Monat beispielsweise einen Tausender nach Hause brächte und ihr Einsatz damit marktwirtschaftlich als «Arbeit» deklariert wäre? Vielleicht hätte Mutti plötzlich genug Selbstbewußtsein, um auf den Tisch zu schlagen, wenn die Familie ihr begütigend auf die Schulter klopfen will für soviel Menschlichkeit. Aber bitte: Schlagen Sie doch endlich einmal gratis und franko auf den Tisch. Auf Ihr Konto geht nämlich, daß die Bürgerinnen und Bürger ganz am Rand, die eigentlich schon durch jedes soziale Netz hindurchgefallen sind, trotz allem noch ein bißchen zu Hause sind in der Schweiz. Vermutlich ist das innenpolitisch wesentlicher als jedes Parteiprogramm. Aber so hochgestochen brauchen wir gar nicht zu argumentieren. Es genügt schon, daß in Ihrer Familie nicht nur das Gesetz der Marktwirtschaft gilt. Nehmen Sie die Menschlichkeit ruhig ebenso ernst wie Ihren Mann und Ihre Kinder. Die bezahlen Ihnen ja auch nichts, Ende Monat. Oder?

Himelblaui Schwarzarbeit

türlech het der Maa u hei d Pursch nüüt dergäge, we ds Mammi jitz zur Tanten Emilie luegt, oder paarne Drögeler geit ga choche. Es säge's grad alli: Super — derwyle mach's ömu nüüt Dümmers; das syg geng no gschyder, als Depressione z fasse.

Wurd men ächt wage, öpper glych abzfertige, wo Ändi Monet e Lohn kassiert? Vor allem nähmt's mi wunder, ob ächt ds Mammi sälber nid es ganz angers Ufträtte überchämt, we's e Tuuseter heibrächti u sy ganz Ysatz als «Arbeit» deklariert wär vor Marktwirtschaft. Vilicht hätt ds Mammi de plötzlech gnue Sälbschtbewusstsyn, für uf e Tisch z houe, wen ihm d Familie wider so begüetigend wott uf d Achsle chlopfe, für sy ganzi Mönschlechkeit.

So houet doch äntlech emal gratis u franco uf e Tisch. Schliesslech geit's uf Öies Konto, dass alli Bürgerinne u Bürger, wo eigetlich scho dür jedes Netz düregheit sy, glych geng no chly deheim sy, ir Schwyz. Da'sch innepolitisch allwäg wichtiger als jedes Parteiprogramm. Aber eso höchgstoche bruuche mer gar nid derhinger. Es gnüegt nämlech scho, dass i Öier Familie nid geng nume ds Gsetz vor Marktwirtschaft öppis z säge het. Nämet d Mönschlechkeit rüejig glych ärnscht, wi Dihr Öie Maa u Öiji Ching ärnscht näht. Die zale Nech ja o nüüt, Ändi Monet, oder?

Gesichter der Einsamkeit

Wissen Sie, wieviele Gesichter die Einsamkeit hat?
Ich besuche meine betagte Tante nur noch von Zeit zu Zeit. Ich gebe zu, meine Entschuldigungen sind fadenscheinige Ausreden: daß ich eingespannt bin in tausend Pflichten, daß die Tante weit weg wohnt, in der Ostschweiz; und wie soll man etwas ausmachen am Telefon; die Tante wird je länger, je schwerhöriger.
Vor ein paar Wochen habe ich endlich wieder einmal an ihrer Tür geläutet. Aber als die Tante aufmachte, habe ich sofort gespürt, daß ich störte. Vielleicht hatte sie doch nicht verstanden, um welche Zeit ich ankommen würde. Auf alle Fälle blickte sie unruhig über die Achsel zurück ins Eßzimmer, bis ich merkte, daß jemand auf sie wartete: Gäste, zu denen ich vermutlich nicht paßte.
Aber als wir zusammen ins Eßzimmer getreten sind, stand ein einziges Tellerchen auf dem Tisch mit ein bißchen Apfelmus und einem Zwieback, daneben ein Glas Tee. Und im Kranz um den Eßplatz der Tante standen Fotos: Der Großvater und meine Großmutter haben im Hochzeitsstaat gelächelt. Und der Ehemann der Tante salutierte in Hauptmannsuniform und hat streng ins Apfelmus hinuntergeblickt. Auch meine eigene Mutter saß mit der Tante am Tisch. Freilich nicht die Mutter, die ich gekannt hatte: die Schwester der Tante eben, dieses junge Mädchen, das zusammen mit ihr und einer ganzen Freundesschar auf Bergtouren ging.
Und meine Cousine habe ich wiedergesehen: das liebe Kind, das als junge Frau schon sterben mußte. Aber für die Tante lebt sie noch immer, sie ist ja bei

D Einsamkeit het mängs Gsicht

Heit'er scho einisch dra ddänkt, wivil Gsichter d Einsamkeit het?

I bsueche my alti Tante nume no so vo Zyt zu Zyt, un i mues zuegä, myner Exgüsee sy fadeschynegi Usrede: dass i halt eso ygspannet syg i tuuset Pflichte, u d Tante wohni grüüsli wyt ewägg, ir Oschtschwyz uss, u de isch's ersch no schwär, öppis mit eren abzmache am Telefon, wüll si je lengers je herthöriger wird.

Vor paarne Wuche bin i äntlech wider einisch vor Tantes Türe gstande. Aber wo si mer het ufta, han i grad gspürt, win i störe. Emänd het si wider nid verstande gha, wenn dass i chume. Uf all Fäll het d Tante ar Tür geng über d Achsle zrugg gluegt, i ds Ässzimmer yne, bis i gmerkt ha, dass dert öpper uf se wartet: Gescht, won i dänk nid zue ne passt ha.

Aber wo mer zämen i ds Ässzimmer yne sy, isch es einzigs Tällerli uf em Tisch gstande, mit e chly Öpfumues um nes Zwybäckli, u dernäbe nes Glas Tee. U rund um der Tanten ihren Ässplatz sy Fotone gstande:

I ha my Grossvatter u my Grossmueter im Hochzytsstaat gseh, u der Tanten ihre Maa het ir Houptmenuniform salutiert u sträng i ds Öpfumues abe gluegt. My eigeti Mueter isch o bir Tanten am Tisch gsässe. Aber nid d Mueter, won i kennt ha: der Tanten ihri Schwöschter isch dert gsy, das junge Meitschi, wo am Sunntig mit ere z Bärg isch, zäme mit ere ganze Tschuppele Fründe. U mys Cousineli han i wider gseh, das liebe Ching, wo als jungi Frou het müesse stärbe. Aber für d Tante läbt si no, si isch ja bire, we si isst, u vilicht isst d Tante nume no, für dass ömu geng

ihr, und vielleicht ißt die Tante auch nur, damit noch jemand auf der Welt an das liebe Kind denkt. Es bleibt bis zuletzt, sie kann sich darauf verlassen, sonst würde es ihr ja nicht zulächeln.
So jedenfalls hat es mir die Tante erklärt; dann hat sie mit einer einzigen Armbewegung die Rähmchen beiseite geschoben, damit es Platz gab für einen zweiten Teller auf dem Tisch, und als sie mich fragte, ob ich Apfelmus möge, standen einfach Fotos herum. Hat die Einsamkeit gleich viele Gesichter wie die Liebe?

D Einsamkeit het mängs Gsicht

no öpper uf der Wält a das liebe Ching dänkt. Es blybt bis zletscht, si cha sech uf ihns verla, süsch würd's ja nid lächle. Eso het mer's d Tante ömu gseit, won i mit ere vor em Tisch gstande bi, u nachhär het si mit ere grossen Armbewegig d Rähmli uf d Syte gstosse, für Platz z mache. U wo si mi gfragt het, ob i überhoupt es Tällerli Öpfumues mög, sy eifach Fotone desumegstande.

Was meinet'er, het d Einsamkeit ächt glych vil Gsichter wi d Liebi?

Hans im Schnokeloch

Haben Sie die Egoisten auch derart auf der Latte? Dann sind Sie jedenfalls keiner. Oder anders ausgedrückt: Sie sind der geborene Traumpartner. Gratulieren Sie Ihrer Frau. Ein Freund von uns behauptet nämlich, wenn eines pro Ehe glücklich werde, sei das eine Supererfolgsquote: 50%. Nur sind es vermutlich eben diese Egoisten, die uns den letzten Nerv ausreißen. Ich meine die 50%, die nicht unglücklich sind. Die verstehen zu fordern, die schauen zu sich selber.
Zwar... Wenn ich's richtig überlege, fallen mir Leute ein, die erst glücklich sind, wenn sie unglücklich sind. Sie spielen fürs Leben gern Opferlamm, auch wenn's kein Mensch von ihnen verlangt. Sie geben keine Ruh, bis sie jemanden ins Haus gezerrt haben, um sich in Gottes Namen nach ihm zu richten. Und sollten einmal alle Stricke reißen, so graben sie den Garten um oder nehmen die Fenster in Angriff – damit sie wenigstens nicht machen müssen, was sie gerne möchten.
Nein, halt. Sie wissen ja gar nicht, was sie möchten. Nur das Gegenteil: Daß das, was sie machen, nicht das ist, was sie möchten. Kompliziert, kein Egoist zu sein. Präzis wie im Lied vom «Hans im Schnokeloch». Ich denke dabei zwar eher an Frauen als an Hansen. Vielleicht, weil ich mir selber auf die Schliche gekommen bin, vor genau zehn Jahren. Damals bin ich krank geworden; ich hatte drei schulpflichtige Kinder und war zum ersten Mal angewiesen auf die Hilfe von andern. An einem Abend hat mein neunjähriges Töchterchen gekocht für alle, nur Rührei, aber das hat sie prima hingekriegt. Ich habe mich bedankt und sie überschwenglich gelobt. Aber als die Schlaf-

Der Hans im Schnäggeloch

Heit Dihr d Egoischte o derewäg uf der Latte? De syt'er ömu e kene. Oder angers gseit: Dihr syt der gebornig Troumpartner. Weit'er Öier Frou hurti ga gratuliere, zue Nech? E Fründ vo nis seit nämlech geng, wen eis pro Eh glücklech wärd, syg das e sagehafti Erfolgsquote: 50 Prozänt. Nume schad, sy's d Egoischte, die, wo nis derewäg uf ds Gäder göh. I meine die 50 Prozänt, wo eifach nid unglücklech sy. Die verstöh's äbe, geng z fordere u zue sech sälber z luege.

Wen i's zwar eso überschla... I kenne no fei Lüt, wo nume glücklech sy, we si unglücklech sy. Di spile für ds Läbe gärn «Öpferlis», ohni dass es öpper vo ne verlangti. Di gä nid Rue, bis si eine häreghaagglet hei, wo si sech halt i Gottsname wider müesse richte nach ihm. U wen einisch wyt u breit kenen umen isch, so göh si hingere Garten u stächen um, oder si näh d Fänschter i Aagriff, für ömu nid z mache, was si wette.

Nei, halt, di wüsse ja gar nid, was si wette. Nume ds Gägeteil: dass das, wo si mache, nid das isch, wo si wette. Herrschaft, isch das kompliziert, ke Egoischt z sy. Grad uuf u nider wi im Liedli vom «Hans im Schnäggeloch».

Zwar... I dänke schier ender a d Frouen als a d Hansline. I bi mer drum sälber uf d Schliche cho, grad vor zäh Jahr. I bi denn chrank gsy u ha no drü schuelpflichtegi Ching gha, u zerschtmal im Läbe bin i aagwise gsy uf Hilf. Am nen Aabe het mys 9järige Meiteli gchochet für alli. Nume Rüerei. Aber das het's prima gschlingget, un i ha's globt bis über ds Bohnelied. Ersch wo d Schlafzimmertüren i ds

zimmertür ins Schloß fiel, begann ich zu heulen. Wie geschmiert alles lief ohne mich. Plötzlich kam es mir vor, das Rührei im Teller sage: Du brauchst gar nicht gesund zu werden.
Erst allmählich ist mir aufgegangen, daß ich etwas ganz anderes verstehen sollte: Daß es mir längst freigestanden hätte, neben dem Leben für die Familie ein eigenes Leben anzufangen. Daß ich meine Kinder und meinen Mann auch für etwas Freudiges hätte in Anspruch nehmen dürfen, statt nur für mein Kranksein. Plötzlich ist mir klar geworden, daß ich mit meiner Mütterlichkeit ein Revier verteidigte: Nur ich konnte mit Kindern umgehen, nur ich konnte mich zurückstellen, nur ich konnte andern etwas zuliebe tun, nur ich konnte andern verzeihen...
Danke, ja, auch in dieser Hinsicht: geheilt. Heute kann keines in der Familie dem andern vorhalten, es habe sich aufopfern müssen. Seit zehn Jahren schreibe ich. Und zuweilen gehe ich zwei, drei Tage weg. Allein.
Nur etwas muß ich zugeben, damit Sie nicht glauben, es nütze, ins Kissen zu heulen, schon sei das Problem gelöst: Wenn ich verreisen will, wasche ich vorher den Salat in der Küche und rühre die Sauce an, ich stelle alles auf den Herd und decke den Tisch. Und wenn ich über Nacht wegbleibe, so muß ich wahrhaftig das Brot vorschneiden fürs Morgenessen. Bitte? Ja, natürlich trocknet es aus, Sie haben ganz recht. Aber auf so etwas kann keine Rücksicht nehmen, wer keine Egoistin sein will.

Schloss gheit isch, han i aafa plääre. Da'sch ja gloffe wi gschmiert, ohni mi. Ungereinisch het mer das Rüerei uf em Täller gseit: Du bruuchsch gar nümm gsung z wärde.

Ersch nadinaa isch mer ufggange, dass i allwäg öppis angers sött verstah: Dass i scho lengschte frei wär, näb mym Läbe für d Familie es eigets Läben aazfa. Dass i myner Ching u my Maa o einisch für öppis Gfröits chönnt i Aaspruch näh, statt nume für ds Chranksy. Es isch mer plötzlech ufggange, dass i mit myre Müeterlechkeit auben es Revier verteidiget ha: Numen i ha mit de Ching chönnen umgah, numen i ha mi chönne zruggstelle, numen i ha den angeren öppis chönne z lieb tue, numen i ha Fähler chönne vergä ...

Merci, ja: Gsung worde, o i dere Hinsicht. Hüt cha kes me ir Familie em angere fürha, es heig sech müessen ufopfere. Syt zäh Jahr bin i am Schrybe. U mängisch gan i furt, für zwe, drei Tag. Elei.

Nume mues i öppis zuegä – süsch meinet'er no, ds Problem sygi glöst, we me gränni. Bevor i nämlech furtgah, wäschen i no der Salat u rüere d Soossen aa u stellen alls ufe Herd u decke der Tisch. U wen i über Nacht furtblybe, so mues i gwüss no ds Brot vorschnyde für ds Zmorge.

Heit'er öppis gseit? Aha ja, es tröchnet uus, Dihr heit rächt. Aber uf serigs cha me würklech nid Rücksicht nä, we me ke Egoischtin wott sy.

Haben Sie sich schon einmal Gedanken darüber gemacht, warum nur kleine Kinder wirklich in der Welt zu Hause sind? Sie können auf alle, die sie kennen, mit dem Finger zeigen – oder sie vergessen sie.
Und wir Erwachsenen? Je länger wir leben, um so mehr fallen wir aus unserer Welt heraus. Erst fehlt uns nur ein alter Freund; zehn Jahre später steht schon fest, daß die Hälfte unseres Beziehungsnetzes gerissen ist; und plötzlich fehlen alle, an die wir einmal das Herz gehängt haben und mit denen wir stritten.
Packt Sie die Angst nie, daß wir im Alter als Emigranten leben werden im eigenen Land: kein einziges vertrautes Gesicht mehr um uns. Und das Land, wo wir hinmöchten, tut seine Grenzen nicht für uns auf.
Ich kann mich erinnern, wie Mutter immer sagte: Nein, sie habe nicht mehr soviel Angst vor dem Sterben wie ich. Ihr seien die Liebsten schon vorangegangen: eine Freundin, der Bruder, die Eltern, und vor allem ihr kleiner Sohn.
Ich weiß auch noch, wie eifersüchtig ich als Kind war auf diese andere Welt: Dort machte keiner etwas falsch, dort mußte niemand lernen, und wer brauchte aus Angst zu lügen? Bis zum Engel hatten sie es gebracht, im Herzen der Mutter, und ich bin immer ein Mensch geblieben.
Erst am Tag, als Mutter starb, hat sie keinerlei Unterschied mehr gemacht: Seite an Seite standen mein toter Bruder und ich vor ihren Augen, sie hat die Arme aufgemacht für uns, und auf einmal war Platz im selben Namen: meine Lieben.

Heit'er Nech scho einisch überleit, wiso nume di chlyne Ching ganz ir Wält deheime sy? Di chöi uf alli, wo si kenne, mit em Finger zeige – u süsch vergässe si se.
U de mir ? Je lenger mer läbe, je meh wärde mer usbürgeret, ir Wält. Zersch fählt is numen en alte Fründ; zäh Jahr speter isch scho ds halbe Beziejigsnetz grisse; un ungereinisch fählen alli, wo nis einisch beschäftiget hei, wo mer ds Härz a se ghänkt oder mit ne Chribu gha hei.
Heit'er mängisch o Angscht, mir müessi im Alter de wi d Emigrante läbe, im eigete Land: ohni es vertrouts Gsicht um is ume. U ds angere Land, wo mer häre wette, tuet d Gränze nid uuf für is.
I weiss no, wi d Mueter geng gseit het: Nei, si heig nümme sövu Angscht vor em Stärbe win i. Ihre syge di Liebschte halt scho voraa ggange: e Fründin, der Brueder, d Eltere, u vor allem äben ihres chlyne Buebli.
I ma mi bsinne, win i als Ching yfersüchtig bi gsy, uf alli i deren angere Wält: Dert het e kes öppis faltsch gmacht, dert het e kes öppis bbrucht z lehre, u für was hätt ächt eis gloge vor Chlupf? Die hei's ja alli zäme zum Ängu bbracht gha, ir Mueter inn, numen i bi geng e Mönsch bblibe.
Ersch am Tag, wo si gstorben isch, het d Mueter kes me hingeraa gstellt: Ihres Buebli un i sy Syten a Syte gsy, vor ere, u si het d Arme na nis ufta u ds ersch Mal hei mer Platz gha im glyche Name: «Myner Liebe.»
Hüttigstags cha me ga Kurse näh, für lehre z rede mit Stärbende. U's heisst sogar, ds Läbe nach em Tod syg

Mit beiden Füßen in der Gegenwart

Heutzutage kann man Kurse besuchen, um mit Sterbenden reden zu lernen. Es heißt sogar, ein Leben nach dem Tod sei wissenschaftlich beweisbar. Schön. Wichtiger wäre trotzdem, daß die Verstorbenen und das Jenseits in unserem Haus nicht mächtiger werden als die Lebenden. Oder hat die Vergangenheit über Sie selber nie größere Kraft als Ihr Verstand? Kennen Sie diese perfiden kleinen Erinnerungen nicht? Sie sind an kein bestimmtes Vorkommnis gebunden, sie flattern in uns herum und wollen unseren Alltag unter die Fittiche nehmen. Da wagt man plötzlich nicht, untertags in einem Roman zu lesen. Hat nicht Vater, der doch längst gestorben ist, immer gesagt: «Wer Geschichten verschlingt, stiehlt dem Herrgott den Tag ab»? Und wie verbringen Sie Ihre Nachmittage? Bringen Sie es fertig, so recht von Herzen zu faulenzen, ohne schlechtes Gewissen? Auch wenn Ihre Mutter das nie gemacht hätte? Nicht einmal mit Fieber und Kopfweh?
Sind Sie nie bestürzt darüber, daß Mutter immer noch als kleinlicher Racheengel durchs Haus geistert? Vielleicht sollte man ihr endlich die Chance geben, eine Spur großzügiger zu werden – auch wenn's nur im Himmel ist.
Und wir selber, wir sollten unbekümmert mit beiden Füßen in die Gegenwart hineinspringen wie kleine Kinder. Unsere eigenen Ansichten, unser eigenes Verlangen, unser eigener Übermut möchten noch ein bißchen leben, bevor wir sterben. Sonst hinterlassen wir unseren Töchtern und Söhnen nichts von uns als einen schwarzen Schatten, der sich über sie legt.

jitz wüsseschaftlech bewise. Schön. Nume wär's gschyder, we di Gstorbnige u ds Jensyts di Läbige nümm chönnten erdrücke. Oder het d Vergangeheit über Öich nie meh Chraft als der Verstand? Kennet'er di pärfyd chlynen Erinnerige nid oo? Si sy nid emal a nes Ereignis bbunde, si flattere nume so los i nis umen u wei üsen Alltag unger d Fittiche näh. Da wagt me plötzlech nid rächt, es Buech z läse, der Tag düür. Het nid emänd der Vatter, wo lengschte gstorben isch, geng gseit: «Wär Gschichte verschlingt, stilt em Herrgott sy Tag ab?» Wi gseh de eigetlech Öier Namittagen uus? Waget'er einisch, so rächt vo Härze z fulänze, ohni es schlächts Gwüsse z ha? O we Öji Mueter das nie gmacht hätt? Nid emal mit Chopfweh u Fieber?

Erchlüpfet'er nie, dass Öji Mueter no hütt als e chlynleche Racheängel dür ds Huus geischteret? Vilich sött me ren äntlech d Chance gä, no chly grosszügiger z wärde – o we's numen im Himel isch.

U mir sälber, mir sötte zämefüessligen i d Gägewart yne gumpe, wi chlyni Ching. Üser eigeten Aasichte, üses eigete Verlangen u üsen eiget Übermuet wette chly chönne läbe, bevor si stärbe. Süsch hingerlö mer de üsne Töchtere u Sühn nüüt als e schwarze Schatte von is, wo sech über se leit.

Die letzte Leitersprosse

Wie alt sind Sie jetzt? Oh, Entschuldigung, ich wollte Ihnen nicht zu nahe treten. Ich meinte eher in geistiger Hinsicht. Und außerdem gebe ich gerne zu: Ich bin auch nicht mehr ganz taufrisch. Das hat mir eine Verkäuferin gesagt. Durch die Blume, natürlich. Wir Frauen haben ja einen ganz besonderen Draht zueinander. Erst letzte Woche habe ich es wieder gehört, als wir eingeladen waren, und die Gastgeberin meinte: «Ganz reizend, dieses Kleid. Ich wollte es dir schon die letzten beiden Male sagen.» Vielleicht begreift da sogar ein Mann, daß etwas passieren müßte in Sachen Frühjahrsgarderobe. Sonst schalten sie viel langsamer, die Männer, punkto Alter. Sie merken erst, daß sie auf dem besten Weg sind, ein Knakker zu werden, wenn die jungen Mädchen im Tram für sie aufstehen.

Mir hingegen hat es die Verkäuferin via Kosmetiktöpfchen gesagt. Nach einem gelangweilten Blick hat sie beigefügt: «Etwas Stärkeres gibt's leider nicht.» Wissen Sie, was auf dem kostbaren Döschen aufgedruckt stand? *Für die anspruchsvolle Haut.*

Das also ist die letzte Leitersprosse, auf die ich mich schwingen kann, bevor der Ast abbricht: «Eine anspruchsvolle Haut.» Erst neulich war ich noch eine «reife», vorher eine etwas «trockene» und zu Anfang eine «sensible». Nun, was hinter uns liegt, ist gemäht, und eine anspruchsvolle Haut bleibe ich, auch wenn's vierzig Jahre dauert – etwas Stärkeres gibt es ja nicht. Darf ich Sie noch einmal fragen, wie alt Sie jetzt sind? Erst «sensibel»?

Dann haben Sie bloß zuweilen Angst, sich die Finger zu verbrennen, wenn Sie sich ganz auf eine Bezie-

Der letscht Seigel

Wi alt syt'er afe? O exgüsee. I ha Nech gwüss nid wölle z naach trätte. I ha's nume geischtig gmeint. U de chan i no grad zuegä: I bi sälber nümm es Hüürhäsi. Es het mer's e Verchöifere z Wüsse ta, «durch die Blume», natürlech. Mir Froue hei ja ganz en apartige Draht zunanger. Ersch letscht Wuche han i's wider ddänkt, wo mer sy yglade gsy u d Gaschtgäbere gseit het: «Hesch du nes härzigs Röckli ann. I ha der's scho di letschte zwöi Mal wölle säge.» Vilicht ghört da sogar e Maa use, dass nächschtens e Fure sött ga, i Sache Früeligsgarderobe. Süsch hei d Manne ja hert z schalte, punkto Alter. Die merken ersch, dass si druff u dra sy, e Gritti z wärde, wen im Tram di junge Mädeli ufhei für se.

Mir hingäge het's d Verchöifere eifach via Kosmetiktöpfli gseit, u nach emne glängwylete Blick het si no bygfüegt: «Öppis Sterchers git's leider nid.» Wüsst'er, was uf däm choschtbare Döseli isch gstande? «*Für die anspruchsvolle Haut*».

Isch ächt das o ender geischtig gmeint? De wär's der letscht Seigel, wo me sech no druf chönnt schwinge, bevor der Ascht abbricht: me wird en aaspruchsvolli Hut. U grad ersch isch me no ne «ryfi» gsy, u vorhär e chly ne «trochni», u ganz zersch nume ne «sensibli». Aba, was hingeren isch, isch gmähjt, un en aaspruchsvolli Hut, das blyben i jitz, u we's vierzg Jahr geit – öppis Sterchers git's ja nid.

Darf Nech no einisch frage, wi alt Dihr afe syt? Ersch «sensibu»?

De heit'er numen afe chly Angscht, Nech d Finger z verbrönne, we Dihr Nech ganz i ne Beziejig ylöt. Oder syt'er halt doch scho chly «troche/spröd» u mö-

Die letzte Leitersprosse

hung einlassen. Oder sind Sie doch schon eine Spur «trocken/spröde» und mögen Ihr Herz nicht mehr so recht auf die Zunge hinauf hissen? Trösten Sie sich: Das ist immer noch besser als «reif», wo wir plötzlich meinen, die ganze Welt komme nur zum Ernten zu uns. Aber die Äpfel, die niemand aufhebt, bekommen schnell einen Essigstich. Zieht das wohl automatisch die «anspruchsvolle Haut» nach sich? Eigentlich ist es ja eine anmutige Umschreibung für einen widerlichen Zustand: Dieses seelische Verfaulen, wo einem die andern auf die Nerven gehen, und jeder Mensch hat ja tatsächlich irgendeinen Fehler: Der eine ist ein Langweiler, der andere eine Plaudertasche, der dritte ächzt über seine Wehwehchen, und der vierte ist ein eingebildeter Affe. Graut Ihnen nie vor dem Tag, wo Sie lauter Unerquickliches sehen werden an den Menschen, und Sie niemanden mehr kennenlernen, geschweige denn, so recht von Herzen gernhaben möchten? Fürchten Sie Ihr wachsendes Bedürfnis nach Distanz nicht? Vielleicht mündet es eines Tages in pure Arroganz, wie bei dem Hochschulprofessor, der kürzlich zu mir sagte: «Warum sich noch länger mit Freunden herumschlagen? Die bringen einem doch nichts als volle Aschenbecher.»
Wenn man denkt, man müßte vielleicht noch vierzig Jahre in so einer Haut leben ...
Entschuldigung – aber wie alt sind Sie jetzt?

Der letscht Seigel

get ds Härz nümm so rächt uf d Zungen ufe hysse? Tröschtet Nech: da'sch no lang besser als «ryf», wo me plötzlech meint, di ganz Wält chöm nume no cho ärnte bi eim. Aber d Öpfu, wo niemer ufhet, überchöme de im Schwick en Essigstich. Isch ächt das de en «aaspruchsvolli Hut»?

Eigetlech isch's ja numen e aamächeligi Umschrybig für ne gruusige Zuestand: das seelische Verfule, wo eim alli angeren uf ds Gäder göh, wüll würklech jede Mönsch irgend es Näggi het: der eint isch e Längwyler, u der anger e Laferi, u der Dritt grochset über syner Bobo, u der Viert isch nüüt als en ybbildete Löu.

Tschuderet's Nech nie, vor däm Tag, wo Dihr plötzlech lutter Mängu gseht a de Lüt? De begäret'er nümme, öpper neecher lehre z kenne, gschwyge de öpper so rächt vo Härze gärn z ha. Gruuset's Nech nie, wüll Öies Bedürfnis nach Distanz eso wachst, ir Letschti? Vilicht macht's Nech mit der Zyt glych arrogant wi dä Hochschuelprofässer, wo chürzlech zue mer gseit het: Ob er o wett, sech no plage mit Fründe. Die bringi eim nüüt als volli Äschebächer.

We men eso dänkt, me müesst vilicht no vierzg Jahr lang ire serige Hut inn läbe...

Exgüsee – aber wi alt syt'er afe?

Inhalt

Live	6
Die Angst ist ein Berg	10
Du bist der Souverän	14
Giuseppina	20
Heimat	24
Mausgraue Socken	28
Jaa was	32
Altmodischer Appetit	36
Taubenstraße, Bern	40
Eheroman	44
Schlafsack nicht vergessen	48
Unerforschtes Gebiet	52
Pam and Bobby	56
Auf die Zähne beißen	60
Hoffnungen	64
Die Flügel ausspannen	68
Weiterglucken	72
Die verdrehte Nabelschnur	76
Elternhandwerk	80
Trostlied	84
Den Träumen ein Stück Brot	88
Schweigen in allen vier Landessprachen	92
Bändelijud	96
Erstgix	100
Lob des Zweifels	104
Das Trotzbett	108
Haltungsturnen	112
Mir reicht's	116
Wahrscheinlichkeitsrechnung	120
I-de-al	124
Familienfilme	128
Denkmalwechsel	132

Bohnen sterilisieren	136
Onkel Kari	140
Die Suppe salzen	144
Grauer Alltag	148
Eine Spur Schaf	152
Das andere Land	156
Lebensläufe	160
J'adore la vie	164
Weihnachtsrummel	170
Himmelblaue Schwarzarbeit	174
Gesichter der Einsamkeit	178
Hans im Schnokeloch	182
Mit beiden Füßen in die Gegenwart	186
Die letzte Leitersprosse	190